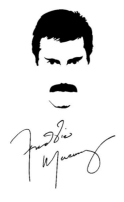

FREDDIE MERCURY
The Great Pretender

フレディ・マーキュリー 写真のなかの人生

川﨑大助 訳
光文社

www.freddiemercury.com
フレディ・マーキュリーのロゴは、マーキュリー・ソングス・リミテッドの
登録商標であり、無許可での使用は禁じられています

原著出版元：カールトン・ブックス・リミテッド　Carlton Books Ltd
20 Mortimer Street, London, W1T 3JW

文：ショーン・オヘイガン
写真キャプション：グレッグ・ブルックス、フィル・サイムズ
アート・ディレクション：リチャード・グレイ

Copyright © 2019 Mercury Songs Limited
Design copyright © 2012 Carlton Books Limited
Freddie Mercury logo © 2019 Mercury Songs Limited
Japanese translation rights arranged with
CARLTON BOOKS LIMITED
through Japan UNI Agency, Inc., Tokyo

CONTENTS
目　次

ラミ・マレックによる序文　　4

はじめに──ザ・グレート・プリテンダー、偉大なる見せかけ屋　リース・トーマス　　6

フレディ・マーキュリーとは何者だったのか？　　10

ボヘミアン・ラプソディ／フレディ・マーキュリーができあがるまで／炎のロックンロール〜輝ける7つの海／キラー・クイーン／パンクと批評家の狭間で／ライヴ・エイド／ブレイク・フリー──自由への旅立ち／アイ・ウォント・イット・オール──全て欲しい／オペラ座の夜／ショウ・マスト・ゴー・オン──ショウは続けなければならない／フレディの死／ザ・グレート・プリテンダー──偉大なる見せかけ屋／〈ジ・エイジアン・アワード〉受賞

写真のなかの人生　　40

写真クレジット　　158

FOREWORD BY RAMI MALEK

ラミ・マレックによる序文

　この2年間というもの、僕の人生はあの象徴的なバンド、クイーンによって、まさに文字どおり「ロック」されていた。揺さぶられ続けていた。数え切れないほどの時間、彼らの音楽とともに過ごしたし、ブライアン・メイやロジャー・テイラーとの静かな夕べを楽しんだ。そして僕は、かけがえのないある男性に、いとも単純に恋をしてしまった。フレディ・マーキュリー、その人に。

　自分の寝室で、あの特徴的な半分だけのマイク・スタンドを初めて持った瞬間から、僕は彼のスピリットに圧倒されてしまった。時間が経過し、撮影が終了して、宣伝期間に入ったあとですらなお、僕は誇らしく思っている。彼の、人を惹きつけずにはおかない輝き、徹底的につらぬきとおされた本物の存在感が、永遠に僕のなかに残り続けるだろうことについて。『ボヘミアン・ラプソディ』が公開される前はフレディを知らなかったような、まったく新しい世代に対して、彼のストーリーを伝えるという役割を担えたことを、僕はとても光栄に思う。

　本書は、ステージ上のフレディの信じられないほどの活力、態度、確信、そして真なる支配者ぶりを、美しく記録したものだ。かつてフレディは、クイーンが作った音楽はひとりの人のものじゃなく、すべての人々のためにある、と言った。これらの素晴らしい写真の数々を通して、あなたは、彼の人生を知るだろう。フレディは、相手が誰であろうが、彼を型にはめようとする者には従わなかった、と。彼は自分の真実を生きた。自分が知る最高の方法で。そしてダーリン、それって素晴らしいことだったんじゃないか?

ラミ・マレック　ニューヨーク市にて
2019年1月

（注：ラミ・マレック Rami Malek 1981- はアメリカの俳優。2018年公開の映画『ボヘミアン・ラプソディ』でフレディ・マーキュリー役を演じ、米アカデミー賞、英アカデミー賞、ゴールデングローブ賞、全米映画俳優協会賞など各賞で主演男優賞を獲得した）

"I won't be a rock star. I will be a legend!"

「僕はロックスターにはならない。伝説になるんだ！」

INTRODUCTION

はじめに——ザ・グレート・プリテンダー、偉大なる見せかけ屋

いまは午後8時、僕はロンドンのソーホー地区にある編集スタジオのなかで座り、1985年にミュンヘンで開催された悪名高きフレディ・マーキュリーの誕生日パーティー、そのノーカット版ラッシュを観ているところ。幸運にも僕は、自分のヒーローに関する新しいドキュメンタリーを監督することになったのだ。

そのフィルムはとても鮮明で、僕自身がパーティーにいるような気分になる。シャンパンを味わったり、音楽を聴いたり、ポリ塩化ビニール（PVC）の匂いを嗅いだりできる。ミラーボールとブラックライトの下には、レザー、裸の尻、口ひげ、ストリッパーたち、そして魔女の扮装をしたブライアン・メイ——じつは、これがフレディなのだが——といったお楽しみに満ちている。彼自身が楽しんでいるのかどうか、そこのところはよくわからない。何人かのシェフの手による、3段積みのケーキがダンスフロアを横切って運ばれてきて、バースデイ・ボーイが、39本のロウソクを吹き消すために案内される。すこしきまりの悪い表情をして、彼は数本を吹き消したあと、誰からも離れた部屋の片隅へと引き下がる。そこは彼が、この夜の大部分を過ごすことになる場所だ。

この男が、〈ロック・イン・リオ〉フェスティバルで、30万人のファンを前に、女装して「ブレイク・フリー（自由への旅立ち）」を歌ったのだ。この男が、ロイヤル・バレエ団に抱え上げられ、逆さまになりながら「ボヘミアン・ラプソディ」を歌ったのだ。世界中が観た〈ライヴ・エイド〉では、ショーに注がれた視線のすべてをかっさらっていった男、なのだ。しかし、彼のために開かれたパーティーでは、注目の的になっているということが、彼を居心地悪くさせているようだ。

フレディ・マーキュリーは、自分のなかには両極があると言った。ステージでは、彼は不滅の存在だった。燃えたぎる、ミスター・ファーレンハイト（注：「ファーレンハイト」は「華氏」。「ドント・ストップ・ミー・ナウ」の歌詞より）だった。オフ・ステージでは、彼は内気で、機知に富んでいた。身近にいる人すべてが、彼は最高の友人だと語った。

フレディ・マーキュリーはザ・グレート・プリテンダー、偉大なる見せかけ屋だった。

誕生パーティーの過去の映像は、しばしば、彼の「とんでもない」私生活を描写するものとして使用されてきた。しかしながら、これはフレディの本当の私生活ではない。私生活だ、と我々に信じて欲しかったものだ。彼自身が作り上げたイメージとペルソナを、飾り立てるために。

フレディの本当の私生活は、それとは全然異なっていた。そう、彼は相当数のクレイジーな夜遊びを繰り広げてきたし、たしかに、あらゆる領域で「やり過ぎる」ことを恐れなかった。しかしまた同時に、フレディはバレエやオペラやミュージカルを鑑賞する人でもあった。日本の美術作品や鯉も蒐集していた。彼は誠実なゴッドファーザーであり、家から離れているときは愛猫に電話をかけ、ボードゲームのスクラブルで遊び、お気に入りのTV番組は〈カウントダウン〉（注：イギリスのチャンネル4で放送されている長寿クイズ番組）だった。

前述のパーティーの真の意義は、この種のものの最後となったことにある。フレディがここ5年ほど過ごしてきたライフスタイルとの、離別のしるしとなった。彼はほぼ40歳だったし、世界はエイズの存在にすでに気づいていて、ものごとは変わらねばならなかった。

1979年から1985年のあいだに、クイーンはヨーロッパ最大のバンドから世界最大のバンドへと成長した。フレディはニューヨークとミュンヘンで暮らし、そこで彼はイギリスの

報道機関の詮索好きな目から逃れて、自分らしくいられた。この時期、彼は初のソロ・アルバム『Mr. バッド・ガイ』をレコーディングした。レコード会社のCBSから多額の前払い金を受け取っていたにもかかわらず、この作品は不発に終わり、イギリスでは6位、アメリカでは159位までしかチャートを上昇しなかった。CBSのトップだったウォルター・イェットニコフは、これが、彼が交わしたレコード契約のなかでも最低のものだったと語っている。

ミュンヘンでのあのパーティーのあと、フレディは慣れ親しんだテリトリーへと戻ってきた。クイーンとロンドンのもとに。彼は自らの夢を実現した豪邸へと引っ越して、バンドは、6年ぶりのUKナンバーワン・アルバムとなる『カインド・オブ・マジック』の制作に取りかかり始める。そしてそのあとは、1986年8月のネブワース・パークが最終日となった、記録破りの〈マジック・ツアー〉へと続いていった。

ふたたびバンドは、長い休止期間を取ることを決める。しかしフレディは、すでになにか新しいことをやりたくて、うずうずしていた。いまや彼は40歳であり、人生における挑戦を望んでいた。初のソロ作品の残念な結果には動じずに、彼は決意する。フレディの言葉を借りれば「どこにでもある山ほどの曲とは違う、ちょっとした注目作」を、作ってみることを。

彼はミュージカル作品を書くことを考えていた。その後、カヴァー曲だけのアルバムを制作するというアイデアを得る。「ザ・グレート・プリテンダー」（注：数多くの名唱が存在するポピュラー・ソングの有名曲。米ヴォーカル・グループ、ザ・プラターズが55年に発表、56年に全米1位となったヴァージョンが最も古い）で幕を開ける、という構想だった。しかし、このアイデアはほどなくして消え失せることになる。世界で最も偉大なオペラ歌手のひとりからの電話を、フレディが受けたその瞬間に。

ここで6年前、1981年に戻ってみよう。フレディと彼のパーソナル・アシスタント、ピーター〝フィービー〟フリーストーンは、コヴェント・ガーデンにてロイヤル・オペラ・ハウスの客席に座り、ヴェルディ作曲のオペラ『仮面舞踏会』を鑑賞していた。歌っていたのはルチアーノ・パヴァロッティだ。フレディはパヴァロッティの声を愛し、そのコントロール方法を賞賛していた──しかし、舞台にあらわれてきたメゾソプラノ歌手に、フレディはぶっ飛ばされてしまう。驚愕の表情で、彼はピーターのほうを向いてこう言った。「僕はいま、世界で一番美しい声を聞いた」と。その声の持ち主が、モンセラート・カバリェ（注：1933-2018　スペインはカタルーニャ生まれの世界的なオペラ歌手）だった。フレディは畏敬の念を抱いた。数年後、クイーンのツアーでバルセロナを訪問したとき、フレディはTV番組でインタヴューされる。お気に入りの歌手は誰か、との質問に、彼は微笑みながらこう応えた。「こんなことを言っても信じないかもしれないけど、モンセラート・カバリェさ……彼女は最高なんだ！」。

そのニュースがモンセラートのもとに届き、彼女はフレディをバルセロナへと招待することになる。彼と会ったモンセラートは、1曲だけではなく、全アルバムをともに制作することに同意する。フレディはまさに、水を得た魚となった。彼のヒロインといっしょに作業し、自らの音楽的技量を新たなる次元へと伸張させていった。愛情面では、彼は長年のボーイフレンドであるジム・ハットンとともに、ついに幸福を見つけていた。ジムはフレディの邸宅〈ガーデン・ロッジ〉へと移り住んでいた。人生は、これ以上ないほどよきものになっていた。フレディが、自らのHIV陽性を知ったこと以外は──彼はエイズに罹患していた。いつまで生き続けられるのかは

わからなかった。わかっているのは、モンセラートといっしょに取り組んでいるアルバムが彼の最後の作品となるかもしれない、ということだった。だからフレディは、これを最高の作品とする決意を固めたのだった。

高い評価を得たシングル曲「バルセロナ」および、アルバム『バルセロナ』は100万枚以上売れた。同曲は1992年のバルセロナ・オリンピック公式テーマ曲にも選ばれた。フレディはクイーンを再結集させ、スタジオに戻り、『ザ・ミラクル』と『イニュエンドウ』の2枚のアルバムを立て続けに録音した。3分の1しか完成させることができなかった『メイド・イン・ヘヴン』は、のちにバンドが仕上げて、1995年に発表した。フレディは、永遠に残る素晴らしい音楽を作るという固い意志に突き動かされ、それまで以上に創造的だった。

フレディが他界する10日前、バンドのマネージャーであるジム・ビーチは、彼が遺すものについて、どのようにあつかっていくべきか、本人と直接会って協議した。フレディは、こんなふうに軽口を叩いた。「なんでも好きなこと、やっていいよ。僕の画像や僕の音楽について、リミックス、再発、なんでもありさ――ただし、決して僕を退屈させないでよね」と。

ジム・ビーチとクイーンの残りのメンバーは、長年にわたってその約束を守り続けた。そして2012年、『バルセロナ』発表の25周年を記念して、アルバム全体を再構築したスペシャル・エディションが制作された。「当時、フレディが万全な状態であれば」そうなっただろう形を目指しての、再録音が進められた。80年代調のキーボードが、80人編成のオーケストラに置き換えられた。すでに傑作だったあのアルバムが、まったく新しい高み、目もくらむような成層圏にまで引き上げられた。意気軒昂にして揚々、情感に満ちあふれた、壮麗なる高みへと。

フレディ・マーキュリーは、彼の音楽を聴いたり、彼のヴィデオ・クリップやコンサート映像を観るすべての人々の、耳と心をとらえ続けている。彼はインタヴューを嫌っていたが、適格な人――彼が信頼できる人物――が質問したときには、まったくオープンで、控えめで、陽気かつチャーミングだった。人生とは生きるためのものだった。人生とは楽しむものだった。「明日なんかくそくらえ。いまは今日だよ、ディア」。

彼の死から21年が経過した（注：この原稿は2012年に書かれた）。しかしフレディ・マーキュリーは、相変わらずとても、「生きて」いる。フレディは新しい世代の音楽家に影響を与え、啓発し続けている。ファンに対しても同様だ。彼は今後もずっとユニークな存在であり続けるだろう。彼は今後もずっと最高で、そして決して――退屈になんか、なるはずもない。

そしてたったいま、僕は泣いちゃいそうだ。

リース・トーマス　ロンドンにて
2012年5月

（注：リース・トーマス Rhys Thomas 1978- はイギリスの映画監督、プロデューサー、俳優、コメディアン。クイーンの大ファンとして知られ、映像集の制作など、バンドとの共同作業も多数。12年には、BBC1の長編ドキュメンタリー番組『フレディ・マーキュリー：ザ・グレート・プリテンダー』を共同制作、監督。同作は国際エミー賞の受賞ほか、高い評価を受けた）

Freddie Mercury

"I SEE A LITTLE SILHOUETTO OF A MAN"

『ひとりの男の小さなシルエットが、僕には見える』

フレディ・マーキュリーとは何者だったのか？

ボヘミアン・ラプソディ

　新千年紀に入って6カ月、まだみんながあまり時間の霧のなかでさ迷ってはいないころ。ロンドン地下鉄のさまざまな駅を、巨大な広告が飾り立てていた。〈エッグ〉という名のオンライン投資会社のものだったのだが、ちょっと奇妙なことに、その広告には、クイーンの歌「ボヘミアン・ラプソディ」の歌詞の一部がフィーチャーされていた。

「ひとりの男の小さなシルエットが、僕には見える
スカラムーシュ、スカラムーシュだ
ファンダンゴを踊ってくれないかな
雷電と稲光
とっても、とっても僕を怖がらせる
ガリレオ、ガリレオ、ガリレオ、ガリレオ、ガリレオ、フィガロ」

　いま思い出してみたのだが、でっかく、ぶっとく、赤い文字でそう書かれていた。とはいえそこには、歌詞に気をとられてしまった乗客に対しての、別の指示もあった。「これを歌うな!」と。つまり、古典的ないたずらだ——なにかをしないようにあなたに要求しながら、じつは同時に、それをすることを暗に奨励している、という仕掛け。そうこうしているうちに、広告を見ている者の目は、決定的に「キラーな」一行へと導かれる——「あなたは、自分をコントロールできないかもしれない。でも、投資をコントロールすることはできる」……完璧だ。

　この広告が、人々の素朴な好奇心にアピールしたことは、きわめて明白だった。ポストモダンなオンライン事業の広告とはかくあるべき的な、抜け目のない巧妙さによって仕上げられていた。このコンセプトを考え出したコピーライター、彼(もしくは彼女)が給与増額に値することは疑いない。なぜならば、この広告をより仔細に点検してみたならば、あらゆる観点から見て「よくできていた」ことがわかるからだ。

　まず第一に、この広告は僕を——つまり、いやいやながら地下鉄に乗っている乗客のひとりであり、またそれ以上に、つねに広告そのものに辟易(へきえき)している犠牲者である僕を——笑顔にした。もっと言うと、ロンドン地下鉄〈チューブ〉のノーザン・ラインの、朝のラッシュ・アワー時のプラットホームで、笑顔にしたのだ。(振り返ってみると、こうだった。「歌うな」という指示の部分まで読み進んだときには、すでにもう僕の頭のなかで、あれらの歌詞が踊り始めていたのだ。だから僕は微笑んだわけだ)。

　第二に、僕は考えさせられた——もっとも、僕がなにについて考えることを広告主が望んでいたのか、そこのところは、皆目見当がつかない。(だって、どれほど巧妙かつ説得力があろうが、朝のラッシュアワー時のノーザン・ラインで、投資のメリットについて僕に考えさせることができる人なんていないからだ。オンライン投資でもなんでも)。そこじゃない。僕を思案させたのは、「なぜわざわざこの歌を選ぶ必要があったのか」というところ。その選択の理由について、だった。

　きっと髪をポニーテールにまとめた男、上記で引用された歌詞をフレディ・マーキュリーが書いたときには、たぶんまだ生まれてさえいなかったその輩が、シックでミニマルなインテリアの広告代理店のなかで、これを選んだ。彼の広告コンセプトにとって完璧で、おそらく唯一の伝達手段を見つけたのだ。それは歌全体ですらなかった。ほんの一部分、断片だ。「ボヘミアン・ラプソディ」という全体の、ごくごく小さな一部分なのだが、しかしいったんこれを摂取してしまったならば、どれほど懸命に取り除こうと努力しても、それは聴く人の——今回のケースであれば、見る人の——頭のなかに残る。

　このことが、次なる思考へと僕を導いた。一般的なポップ・ソングの歌詞について考えた。歌詞というものは、そのほかすべての大衆芸術の形式とは違って、人の脳裏にいともたやすく居座ってしまえる、という特質がある。これによって、ひとりの人の意識だけじゃなく、集合的大衆意識の一部分になることもできる。しかも、イギリスやヨーロッパ、アメリカだけじゃなく、全地球的な大衆意識の一部にすら……で、そのあとは必然的に、僕の思考は普遍から個別の事象へと、移行していった。

　特定のポップ・ソング、「ボヘミアン・ラプソディ」と呼ばれるナンバーについて考え始めている自分を、僕は発見する——ある意味でトラディショナルなポップ・ソングのアイデアから、でき得る限り遠くへ行こうとした、この曲について。

　こうした一連の事柄が僕の心を打ったのは、個人的な事情によるところもあった。そもそもあの歌詞が、それほどまでにしっかりと僕の脳裏に根を下ろしていたという事実に、驚かされた。これは動かしようのない歴史として、1975年に初めて聴いた瞬間からずっと、ほとんど一貫して、「ボヘミアン・ラプソディ」は、僕の好きな曲じゃなかったからだ。

　実際問題、1976年から77年のパンク・ロックによる世直し浄化実施後は長らく、クイーンといえば敵の化身を象徴

ファルーク・バルサラ、1947年

するもので、だから僕は「ボヘミアン・ラプソディ」を積極的に嫌ってさえいた。僕はこの曲を、大仰で、もじゃもじゃと込み入って、うぬぼれて、度を越して誇張された叙事詩だと見なしていた。だからより一層大仰で、もじゃもじゃと込み入って、うぬぼれていたプログレッシヴ・ロック(以下、ここから先はプログ・ロックと呼ぶ)の従兄弟みたいなもので、つまり僕のポップ・ライフのすべてをかけてでも否定すべきものだ、と定義していたのだ。

(パンクの時代から遠く離れて、もちろんいまでは、僕の目もかなり覚めている。「ボヘミアン・ラプソディ」への評価に対して、故意に皮肉になる段階は通り過ぎた。あの歌詞、アレンジ、そしてオペラ的な誇張に関しての、完全に常軌を逸した天才性には、シンプルに頭を垂れることができる──しかしながら、これは言っておかなきゃいけない。僕はいまだに、すべてのプログ・ロックに対しては不変の嫌悪を保持し続けている、と)。

オーヴァルからソーホーへ。北へと向かう停車しながらの旅が迅速に進んでいくあいだ、それに沿って続いていくユニークな広告伝達手段としての「ボヘミアン・ラプソディ」。その特異性について熟考してしまったせいで、とくに歌詞が、ふたたび僕の頭のなかにしっかりと居座ってしまい、払いのけられなくなる。こんな種類の力を持ってる、ほかのポップ・ソングの歌詞ってあるんだろうか? そんなことを、僕は考え始める。こうやって、相手を問わずにインパクトを与えられるようなポップ・ソングの歌詞って、ほかにあるんだろうか? こんなふうに一斉に、異文化間、異世代間の共鳴を生むようなポップ・ソングの歌詞って、ほかにあるのか?

ちょっと考えてみよう……。

ジョン・レノンの「イマジン」は? うーん、まず第一に、僕や僕のパートナー、そして長時間苦痛にあえいでいるロンドン交通局の無数の顧客たちは、まずもって、あの歌詞を目にした途端に無意識に、にやにやしちゃうことはないだろう。よって「歌うな」との指示があっても無駄になるから、「イマジン」は駄目だ。笑いは起きない。ボブ・ディランの「ライク・ア・ローリング・ストーン」ならいける? いや、これも駄目。条件に合致するには、あまりにも玄人好みで、高尚で、知的な挑戦をおこない過ぎているから。

レッド・ツェッペリンの「天国への階段」はどうだろう？　これもまた「ボヘミアン・ラプソディ」よろしく、素晴らしく壮大だが謎めいた70年代のアンセムだから、しばしのあいだ、あの広告を考えたクリエイターを威圧してたとか？　いやいや、これまた検閲を通過できはしない。ヘヴィメタル男子寮の外ではあまりにも知られていない曲だし、お客さんの広がりも見込めない。じゃあフランク・シナトラの「マイ・ウェイ」は？　てんで駄目。スロー過ぎて古臭く、求められているトーンから、あまりに遠い。

こんなふうにして僕は、脳を酷使してポップ・アンセムを探した。僕にも、広く一般大衆的にも、そして略奪精神に富んだ広告コピーライターにも、完璧に作用したかもしれないものを。僕は精神的な底引き網でビートルズのバック・カタログを当たった。もちろんストーンズのグレイテスト・ヒッツも。古き佳きエルトン・ジョンの、口ずさみやすく、合唱にも向いたポップ・チューンの終わりなき川の流れも。比較的小規模だが近ごろでは避けがたいオアシスや、さらにやけっぱちながら、スパイス・ガールズみたいな成り上がり組の実績にさえ、僕は目を向けてみた。でも駄目だった。単純に、代用となるものはなにもなかった。

それはただ「ボヘミアン・ラプソディ」だけにしか、成し得ないことだった。ポピュラー音楽に対して一時的な興味しか持たない人も含めて、誰もが知っている曲。しかし同時に誰も──おそらくは、偉大なる故フレディ・マーキュリー自身ですらも──ただ「わかったふりをする」ことしかできないような、そんな曲にしか。

ちょっと考えてみよう。その歌は、とくに歌詞において、僕らひとりひとりが論理的というよりも直感的にしか、理解することはできないのだ。にもかかわらずその歌は、決然とした態度のまま、地球的規模の集合的大衆意識にまで入り込んでいく。特殊な天才と呼ぶべき存在の仕事がそこにある。悪魔めいた創意。マキャベリ主義者的ポップ精神。

次に、曲のほうを見てみよう。軽いオペラの構造と陰影と、ヘヴィ・ロックの原始的力学、マルチ・トラックを使用したプログ・ロックのバロック的幾何学とが、一曲のなかでうまく結合されている。こういった、すでにリッチなカクテルの上で、歌い手はギルバート＆サリヴァン（注：ヴィクトリア朝時代に活躍したイギリスのコミック・オペラ作家コンビ。自由奔放なイマジネーションやユーモアが広く愛された。『H.M.S. ピナフォー』『ペンザンスの海賊』『ミカド』などの作品が有名）作品のヒーローを思わせるような、オペラを模した調子で、

ユニークなナラティヴを届ける──たしかに、ナラティヴなのだ。あれらの歌詞によって惹起される狂気をも、そう呼べるならば。

もし「ボヘミアン・ラプソディ」の形態が、ギルバート＆サリヴァン──この高名な2人は向精神薬に手を出していた──のオペレッタを思い出させるとしたら、まるで前時代のエドワード・リアやルイス・キャロルのような英文学界の奇人（注：リアは画家にしてナンセンス詩を得意とする作家。彼に影響を受けたキャロルは『不思議の国のアリス』の作者として有名。両者とも19世紀に活躍した）による、無意味な韻文のような、連想型の単語遊びに内容が近いところからだろう。

そして、さらに付け加えるならば、問題の作品はほぼ6分の長さがある（正確には5分52秒。オリジナルの7分から編集されて短くなった）。チャック・ベリーにまで遡るポップ・ソングライティングの不文律、シングル向けの完璧なポップ・ソングの平均的な長さは、みんなが知るとおり、3分以下だ。こうした基本および、通常信頼すべきルール、そのほか大半のポップに関する不文律をもすべてをぶち壊しつつ、「ボヘミアン・ラプソディ」のシングルはUKポップ・チャートのトップに、まさに弾丸のように躍り出る。そしてそこで誰にも席を譲らず、不動のまま、9週間も居座り続けた。これは1957年のポール・アンカ「ダイアナ」以来の、最長の連続トップ記録だった。

だから、あの当時もいまも、「ボヘミアン・ラプソディ」とは、とりわけ、信じがたいものの勝利を象徴している。だが事実なのだ。本当に起こったことなのだ。運命の日、1975年11月29日、あの曲がナンバーワン・スロットに入ったとき以来ずっと、我々は、あの曲の成功という、信じがたい現実と、どうにかして折り合いをつけながら生き続けている。

かくして、その後何世代にもわたって、言うなれば、消極的な音楽ファンの個々人の意識、あるいは集団的意識が「スカラムーシュ」や「ファンダンゴ」に、しばしば植民されてしまうことにもなった。ハミングで、歌って、真似してあざけり、消し去ろうとして……そして結局のところは、ただただ彼らに降参してしまう。（そう、もちろんこの点を、地下鉄の広告キャンペーンの背後にいた、啓示を受けたコピーライターは本能的に理解していた）。

かくして、さらに。「ボヘミアン・ラプソディ」は、新千年紀を祝した「ミュージック・オブ・ザ・ミレニアム」投票でも、英国史上最高のシングルとして選出されることにもなる。またこ

の曲は、アメリカの人気コメディ映画『ウェインズ・ワールド』にて使用されたせいで、ポスト・モダン時代におけるポスト・スラッカー世代のアンセムにもなった。(なんという奇妙な軌跡だ！)。

そして、バンド本体および彼らのファンは決して認めたがらないだろうが、レディオヘッドの「パラノイド・アンドロイド」の無意識下のテンプレートとして、あの曲が役立ったことは間違いない。「ボヘミアン・ラプソディ」同様に野心的で、同様に長く、しかし、まったくもって皮肉ではなく、現代的なプログ・ロックのアンセムが、あの曲なのだから。

(でもこのことは、あまり大声で主張しないようにしよう。なぜなら、彼らは稀少にして繊細な魂を持つ人たちであり、フレディの巨大かつ大胆なプロジェクトの多数を支えたような、あんな種類のユーモアは持っていないみたいだから)。

要するに、「ボヘミアン・ラプソディ」のレガシーとは、その野心的な元来の姿と同じくらい驚異的で、そして信じがたいほどのものだった、ということだ。とはいえ、我々が確信していることがひとつある。果てしなく自己言及的で、苦もなく自己永続的であり続けるポップ音楽の歴史において、単純に言って、このような曲はふたつとない、と。まったくもって個性的で、非凡で、比較できる対象すらない。この曲の創作者と同様に。

だから、偉大なる故フレディ・マーキュリーをたたえるときには、彼のはるかに出来が悪いソロ作品について触れるときですら、ここから始めなければならないのだ。いまの僕らがそうしているように。僕がここで実例を示したように。

つまり、「ボヘミアン・ラプソディ」は、フレディ・マーキュリーの途方もない野心に触発され、膨張させられたすべてのものを包容していたわけだ。フレディという、ポップ界で最もとらえどころがなく、そして、最も移り気なショーマンから発したものを。(ご存知のとおり、フレディ・マーキュリーとは彼の本名ではない。ステージ上のペルソナから衣裳、曲名などと等しく、彼に関する他のものすべてと同様に、注意深く選ばれた名前がこれだ)。

そしてこの曲こそが、人気のポスト・グラム・バンドであり、ポスト・プログ・ポップ・グループだったクイーンを、もっと上の段階のポップ現象へと引き上げる、重要な分岐点となった。この現象は生じた瞬間から──しばしば見過ごされてきたものの、きわめて重要な点なのだが──過去30年あまりの妙な日々の、趣味嗜好やファッションの決定的な文化的変容に対して、公然と反旗をひるがえすものだった。

統一されたヴィジョンと、細部への注意をおこたらなかった点は、ロック音楽界ではめずらしかったとはいえ、「ボヘミアン・ラプソディ」までのクイーンは、たんに、その辺によくいるロック・グループのひとつでしかなかった。しかし「ボヘミアン・ラプソディ」後のクイーンは、とくにフレディ・マーキュリーは、まったくの別物になった。巨大かつ、誰も止められないものに。驚異的なものに。

ディランの「サブタレニアン・ホームシック・ブルース」、ビートルズの「ストロベリー・フィールズ・フォーエバー」といった前例はあったにせよ、「ボヘミアン・ラプソディ」の映像もまた、現代のポップ・プロモーション・ヴィデオ最初期の作品のひとつに数えられる。また先達とは違い、こちらは広く鑑賞された。発表の直後から、歌そのものと同じくらい、大いに話題となった。

どうにも忘れがたいのは、フレディ・マーキュリーがきらめきと輝きに満ちた、彼のど派手な「個性」を見せつけた瞬間だ。無視することなどまったく不可能な、彼の存在感を。これらすべては、ファンファーレとともに、僕らのポップ意識のなかへと入り込んできた。彼以前も以降も、これに該当するエンターテイナーは数人ほどしかいない。

僕らはフレディが、あの狂った歌詞を歌っているのを聴いただけではない。映像のなかで演じる彼の姿も観た。すぐのちに僕らみんなが気づくとおりの、彼独特の、誰も模倣することはできない、あの立ち居振る舞いのありさまを、観た。

フレディはおめかししたシンガー・ソングライターみたいにピアノ・スツールに腰かける。一瞬、『リチャード三世』のローレンス・オリヴィエ(注：オリヴィエが製作・監督・脚本・主演をつとめた、55年公開のイギリス映画を指している。シェイクスピアの同名戯曲が原作)みたいなシルエットになる。それからスタジアム級のグラム・メタル・バンドのリーダーみたいに、ドライアイスの雲のなかを気取って練り歩く。メイン・ディッシュは──プリズム状に分割され、万華鏡のごとく繰り返し提示される「彼自身」の姿だ。

意思表示について話そう！　この壮大なる歌空間において、フレディはショーマン、変幻自在のカメレオン、夢想家であることがはっきりと明示された。あのころの僕らは、これが、ほんの最初の一部分でしかないことを知らなかった。これからあとに続いていくものの。

フレディ・マーキュリーができあがるまで

ポップのカメレオン、フレディ・マーキュリーの真髄を解き

016 - FREDDIE MERCURY The Great Pretender

明かすためには、少なくとも僕らはファルーク・バルサラの子供時代まで遡り、掘り下げてみる必要がある。1946年9月5日、父ボミ・バルサラと母ジャーのもと、観光パンフレットにはエキゾチックなスパイスの島だと記されている、ザンジバル島で彼は生まれた。

（しばしば僕は、彼がモンセラート・カバリェとのダイナミックで創造的なペアを組んだ際には、一時的にでも「ファルーク」の名をふたたび使うべきだったと思ったものだ。それは、彼がオペラを演じるときの名前であるべきだった、意味論的な逆転の規準線として——クイーン・フレディの逆側にいるのがキング・ファルークなのだ、といった形で）。

彼の両親はインド西部のグジャラート州出身、古代イランのゾロアスターを開祖とする宗教、ゾロアスター教の信者だった。インドにおいては、パールシーと呼ばれる人々だった。

ザンジバル島で生まれたにもかかわらず、フレディ・マーキュリー……いや、ファルーク・バルサラは、断固としてインド人だった。ボンベイ（注：現在のムンバイ）近郊にある全寮制の英国式寄宿学校、セント・ピーターズ・ボーイズ・スクールに10年間通い、17歳になるまでイギリスには来なかった。彼は自らの民族的起源を軽くあつかっていたが、しかし彼は、イギリス初にして最大のインド人ポップ・スターとして記憶され、賞賛されるべき人物なのだ。

（興味深いことに、パールシーの人々は、自分たちをインド人というよりはペルシャ人と見なしている。彼らは1000年以上前にペルシャから逃れているのだが。フレディの一家もまた同じで、インド系イギリス人として生まれたのだが、自らをパールシーの民族的一員と見なしていた。よって、市民権とルーツとのあいだにある齟齬について、かすかに、しかし、しばしば深刻に受け止めざるを得ないことがあった）。

フレディのショーマンシップの種が蒔かれたのは、インド時代だった。本書に掲載された彼の少年期の写真から、スポーツマンとしての印象を与えようとしている彼の姿を見てとることができる（p47、48）。最高の万能選手でありメダル獲得者、そしてパフォーマー——セント・ピーターズ校で彼は、学校劇にも出演する。その姿はちょっと演技過剰にも見えるのだが、しかし、舞台の中央に陣取っている（p50）。すこし長じて、彼にとって初めてのバンド、全員インド人から成るザ・ヘクティックスでは、不動の中心人物としてポーズを決めている（p51）。このグループでフレディはピアノを弾き、バディ・ホリーやエルヴィス・プレスリーの曲で暫定的なヴォーカルとして歌っていた（p54）。

さらに長じて、1962年の彼は、学校の校庭にあるサマー・シートでくつろいでいる（p52）。まるで自己流のギャツビー調ヒーローみたいに見える（注：1925年に出版された、米作家、F・スコット・フィッツジェラルドの小説『グレート・ギャツビー』の主人公のこと。謎めいた若き大富豪の伊達男がギャツビー）。サングラス、ぱりっとした白いシャツ、プレスされたパンツに、それと合わせた靴を身に着けている。これら全部が、6年後に別の場所で撮られた写真において興味深い変化を起こしている。ダンディーなビロード帽子の下で髪は伸びていて、もはやきちんと撫で付けられてはいない。ジーンズにTシャツ、裸足という出で立ちで、フェンダー・ストラトキャスターのギターに、ジミ・ヘンドリックスみたいなポーズで寄り添っている（p55）。

彼はどこか別のところに、セント・ピーターズ校とザ・ヘクティックスから遠く離れたところに、イギリスから世界への入り口となるヒースローにもそれほど遠くない場所にある町フェルサムの、この写真が撮られた、質素な家具が揃えられた居間からも、遠いところに——行こうとする途中で、すっかり違う人物へと、変貌してしまったかのように見えた。

バルサラー家は、1964年に英国に移住した。イギリスの支配からの独立をザンジバルにもたらした革命から逃れるためだ。異文化へ移行しなければならなかったひとりの若者として、フレディは、新しい生活に適応することに少々苦労した様子だった。ザ・フーのピート・タウンゼントや、フェイセズのギタリストでのちにローリング・ストーンズの一員となるロン・ウッドの足跡をたどって、フレディはイーリング・アート・カレッジに進学し、1969年にグラフィック・アートとデザインの修了証書を受け取って、卒業した。

彼がアートを学んでいた3年間、ポップの世界はその自転軸をポールシフトした。そしてフレディ・バルサラは、トレンディなケンジントンに借りたフラットから、ロンドンにて急成長中のサイケデリックなカウンターカルチャーに、ひとまずは暫定的に、足を踏み入れることになる。スウィンギング・ロンドンで最もヒップな商業拠点である店〈ビバ〉で彼は買い物をした。それからケンジントン・マーケットでは、彼のヒーローであるジミ・ヘンドリックスに敬意を表して、シルクとビロードの服で着飾っていた。

のちに彼は、そこに出店もした。新しい友人であるロジャー・テイラーとともに、エドワーディアン・スタイルのシルク・スカーフ、毛皮のコート、エキゾチックな織物などを販売した。またこれらの横に、フレディ自身はもちろん、イーリン

グ・アート・カレッジの才能ある同級生たちの卒業制作アート作品も、並べて売られていた。

「僕らはフレディの論文まで売ったよ」と、テイラーはのちに〈モジョ〉マガジンで語っている。「その論文って、全部の内容がジミ・ヘンドリックスに基づいててね。いい感じのところも、いくつかあったな。惑星表面の景観について書いてたり、ヘンドリックスの『サード・ストーン・フロム・ザ・サン』の歌詞を引用していたり……」。のちにクイーンにて同僚となったころ、フレディはテイラーに、こんなことを告白したという。「9夜連続で開催されたヘンドリックスのライヴを、全部観たことがある」と。このあと続くすべてのことを考え合わせると、フレディを夢中にさせたのは、ヘンドリックスの激情的な音楽だけじゃなく、彼のイメージにも同じぐらい魅了されていたのでは、と想像する人もいる。

そのピーク時におけるジミ・ヘンドリックスのステージ上のペルソナは、残っている映像をざっと観ただけでも、シャーマニズム的な魅力に満ちていることがわかる。彼は両極と逆説の領域を行き来していた。両性具有的で、かつ、強烈に性的──もろくて、同時に、爆発的に乱暴──フェミニンなシルクのスカーフと、ぴたぴたで細いビロードのパンツを身に着けた亡霊が、ときに火を熾しては、ギターを陵辱する様を生々しく身振りで表す……。

イギリスのポップ音楽の観客にとってのヘンドリックスの重要性、さらには、彼のショーに集まった大勢のパフォーマーたちに与えた触媒作用の重要性については、いくら強調してもし過ぎることはない。

サイケデリック・ポップの不運な化身であるブライアン・ジョーンズとジョン・レノンは、つねにステージ最前列で存在感を示していた。まだ若く、先行きも見えぬ駆け出しのロック・シンガー、フレディ・マーキュリーもそこにいた。

炎のロックンロール〜輝ける7つの海

カメレオンのフレディ、すでに本格的な夢想家のフレディ──フェルサムで彼がヘンドリックス・スタイルの写真を撮ってから5年後、初めて僕の人生に、フレディ・マーキュリーが入り込んでくる。あの当時、若く気まぐれな、北アイルランドのティーンエイジャーだった僕にとって、たしかなことはただひとつ。本当の人生はどこかほかの場所にあると信じていた。ポップ音楽ではなく、ロック音楽の奴隷として僕はとらわれていた。

あのころ、両者には大きな違いがあった。ポップ音楽とはスウィートやマッドやデヴィッド・キャシディだった。ロック音楽は、無双なるレッド・ツェッペリン、ロキシー・ミュージックやデヴィッド・ボウイだった。

ポップはシングルで、ロックはアルバムだった。ポップとは〈トップ・オブ・ザ・ポップス〉のジミー・サヴィル(注:ジミーことサー・ジェームス・ウィルソン・ヴィンセント・サヴィルはBBCの司会者、DJ。彼が初代の司会者となった、ポップ・チャートのヒット曲を基本ロパクにて、ランキング形式で紹介するTV番組が〈トップ・オブ・ザ・ポップス〉。彼が2011年に没したあと、番組関係者や未成年者を含む数百人に対し、過去に性的虐待をおこなっていたことが明るみに出て、一大スキャンダルとなった)だった。

僕はそのころまだ、ボウイやロキシーのために定期的にあの番組を観ていた。でも無双のゼップが決して出演しないだろうことは、わかりきっていた。ロックは「ささやき」声のボブ・ハリスと〈オールド・グレイ・ホイッスル・テスト〉(注:BBC2にて71年から88年まで放送された音楽番組。シリアスなロックを中心に、出演者にきちんとスタジオ・ライヴをさせる姿勢が、硬派なロック・ファンやのちにアーティストとなるような若者に支持された。代表的なプレゼンテーターがボブ・ハリス)だった。あの番組には、ボウイやロキシーを始め、もっとエキゾチックな連中が突如として登場してくることが、時折あった。

毎週火曜日の夜、僕の記憶がたしかなら、いつもこんな調子だった。比較的新しいチャンネルであるBBC2の〈オールド・グレイ・ホイッスル・テスト〉を観るために、隣家まで道路を横切って走ったものだ。火曜日の夜、TVの前にいたときのことで最も鮮明に覚えているのは、「真のロック」の炎の番人、「ささやき」ボブの役割が、いかにシリアスなものだったかということ──少しマリワナをキメた学者といった風情で、バンドの系譜や、アルバムの歴史、過去のライヴに関することなどについて、彼はよどみなく話した。その「ささやき」はまるで、神聖なる知識をひそかに伝授してくれるかのように、静謐かつ敬虔な響きだったと言えるのだが、彼がおこなっていたのは、まさしく本当に、そんな行為だった。

また僕が思い出すのは、真新しい曲について説明するときにアニメーションが使われていたことだ──ヴィデオがアニメーターを殺しちゃう前の時代だったのだ。のちに判明したことなのだが、これらのアニメーションは、イギリスのいたるところにいたマリワナをキメたロック・ファンたちに熱心に視聴されていたらしい。くすくす笑いながら番組を観る、〈ホイッスル・テスト〉の熱狂的ファンの秘密結社だ。「ささ

やき」ボブの禅めいた謎の黙考と、あれらの奇妙かつ抽象的なアニメーションに、僕らは、音楽そのものと同じくらいとらわれていた。

とある放送日、1973年のことだったと思う。アニメーションとともに流れてきたのは、クイーンという名の、よく知らないバンドの曲だった。「ささやき」ボブによって重々しく告げられたその曲名は「炎のロックン・ロール」。そのタイトルどおり（注：原題は「Keep Yourself Alive」）、あっという間に盛り上がる曲だったのだが、ある種のなめらかさもあった。彫刻され、流線型に整えられ、磨き上げられた曲だ、という感触があった。いまなら僕らにもわかっていることなのだが、これら楽曲の全体像が、なによりも彼らの意思表明そのものとなっていたのだ。

次に僕が聴いたクイーンの曲は「輝ける7つの海」だ。1974年発表の2枚目のアルバム『クイーンII』に収録されている。僕は混乱した。なぜかはわかる。簡単に言うと、以前とは違うグループのように聞こえたからだ。

クリフ・ジョーンズの言を借りてみよう。90年代のグラム・ポップ・グループ、ゲイ・ダッドのリーダーである彼は、ときどきロック雑誌に記事を書いている。彼の名前ぐらいはフレディも知っていたはずだ。

「この曲の歌詞は、フレディのトールキン（注：J・R・R・トールキン。1892-1973 イギリスの作家、文献学者。代表作に『指輪物語』『ホビットの冒険』など）への執着を思い起こさせる」とジョーンズは、1999年の8月、クイーンが表紙を飾った〈モジョ〉誌に書いている。「セックス・ピストルズのアルバム『勝手にしやがれ!!』の収録曲から、なんでもいいからひとつ選んで、この曲と対戦させてみるといい。負けることはないから。フレディは黒いジャンプスーツとダイヤモンドがちりばめられた手袋を身に着けているんだけど、この曲は本来的にはパンク・トラックで、ハイオクのガソリンでぶっ飛ばすようなスピード感がある。偉大なるレコードにとって必要な、あらゆるティーンエイジ的攻撃性がある。クイーンがポンプ・ロッカー（注：Pomp＝「壮麗な」ロッカーという意味。蔑称として使われることが多い。パンク・ロック流行後に生まれた言葉で、おもにプログレやメタルなど、楽曲やアレンジ、衣裳などが大仰で古めかしいロックを指す）だなんて言う奴らのことは忘れちまえ——そこらへんの自称パンク・バンドのちんぴらなんか、どんな相手だろうとクイーンはふっ飛ばしちまうんだから」。

とはいえ、当時もし真実が語られていたならば、クイーンの4人のメンバーは——フレディ、ドラマーのロジャー・テイラー、ギタリストのブライアン・メイ、ベーシストのジョン・ディーコンは——こうだったのかもしれない。自分たちがなりたい像について、まだ確たるものはなかった。だから、なにが一番うまくいくのか、どこに自分たちがはまるのかを知るために、ポンプからプロト・パンクまで、あらゆるスタイルの基本型に手を出していた、のかもしれない。

キラー・クイーン

もちろん彼らは、のちに「それ」を探し出す。すべての偉大なバンドと同様に「ほかのもの」は、彼らにはまったく合わなかったのだ。そうした事実が明らかになったのは、次のシングル「キラー・クイーン」発表のころだったに違いない。控え目に言うと、これは、万象整った状態のクイーン・レコード、その正式なる最初の1枚だった。そこには、明確さがあった。あとから考えてみると、一瞬で識別可能なシグネチャーがあった。こんな言いかたがあるならば、「キラー・クイーン」は、ミニ・マグナム級作品だった。以前の曲よりもさらに多くの彫り込みとなめらかさがあって、そして熱狂度は引き下げられていた。またこの曲は、過去作よりもずっと野心的でもあった。

フレディはこの歌詞を「夜に」書いたと言っている。この歌は、詞も音楽性もとても複雑な構造を持っている。後半部は前半部に、手袋みたいにぴったりと合う。苦労を重ねて仕上げられたものだということが、聴けばわかる。

最初に僕の注意を引いたのは歌詞だった。この曲のトーンを最もよく要約しているのは、オープニングの四重奏だ。

「いつも彼女は、モエ・エ・シャンドンを
素敵なキャビネットに用意してる
『みんなにケーキを食べさせましょう』って言うんだ
まるでマリー・アントワネットみたいに……」

ところで、通常ロックンロール・レコードが主題とするものではないのだが、しかしこのころ、ミック・ジャガーもブライアン・フェリーも、それぞれまったく違うやりかたで、いわゆるポッシュ・ロック（注：ここのPoshとは、イギリスの日常語としての意味。上流階級の気品や優美さ、もしくはそれを模倣しているポーズやスタイルを指す。揶揄の言葉として使う場合が多い）の叙情趣味に耽溺していた。

いつも僕は「キラー・クイーン」とは、高級なトランスヴェス

"I'm trying to say that classy people can be whores as well."

「お上品な人たちだって娼婦になれるって、僕は言いたいのさ」

タイト（注：異性装者）だと仮定していた。君主の称号としての女王ではなく、むしろ女装のほうのドラグ・クイーンだと。でも実際のところはこうだった。あとになってフレディは、幾分しぶしぶとながら「高級コールガールについての歌だ」と認め、自虐的に付け加えた。「お上品な人たちだって娼婦になれるって、僕は言いたいのさ」。

さて、冒頭の叙情的な洗練がひと段落すると、今度はフレディのハイ・キャンプ趣味（注：Camp＝キャンプとは、意図的に演じられる誇張した振る舞い、派手な装いなどから生じる、人工的で芸術的な大仰さを好む価値観を指す。ゲイやクイア、トランスヴェスタイトの美意識から発展したと言われる。なかでも洗練されたものが、ハイ・キャンプと呼ばれる）とオペラの模倣が——部分的にはギルバート＆サリヴァンで、部分的には男性歌姫ものが——取り込まれる。次節に登場してくるものへの呼び水だ。

それから、マルチ・トラックで録られたヴォーカル・ハーモニーと、同じくハーモニーを奏でるブライアン・メイのギター・サウンドが、言葉そのものと周辺の空間を、ひとつに織り上げていく——これこそが、この瞬間に端を発し、その後すべての偉大なるクイーンのレコードに欠かせない、決定的な特徴となっていく。

「キラー・クイーン」にて、グループは自分たちだけの音にたどり着いた。音そのものはそれほどプログ・ロックではなかったが、しかし、なにかと大げさな同ジャンルの痕跡は残っていた。フレディのトールキンへの執着の痕も、これが最後というわけではなかった。またそれほどグラム・ロックではなかったが、似た主題の近くにはいた。同様にスパンコールでドレスアップもしていた。その当時、フレディはおもにサテンとシルクを着ていて、指の爪は血のような赤、もし

くは漆黒に塗り上げられていた。彼はエキゾチックに見えたし、ときにはすこしばかり威嚇的だった。ステージ上で、まるでそこを自分のものにして縄張りを主張しなければならないかのように、気取って、大またで歩き回っていた。

パンクと批評家の狭間で

ここで僕は告白しなければならない。ティーンエイジャーの僕は、クイーンをサウンドトラックとして育ってはいなかったのだ。彼らの音楽は、レッド・ツェッペリンやロキシー・ミュージックの歌のように、僕の思春期の生活に不可欠なものではなかった。これらの2グループのように、クイーンのシングルやアルバムを発売日に買うために急いだこともなかった。しかしクイーンの歌は、ただ単純に、そこらじゅうにあった。ラジオで流れ、ディスコでかかり、パーティーの背景にもあった。僕はそれらを結構好んでいたが、でも本当のことを言うと、僕の趣味は、もっと生々しく根源的なロック・サウンドへと向かっていた。

〈NME〉を通じて僕は、ニューヨーク・ドールズやイギー＆ザ・ストゥージズといった、エキゾチックでちょっと病気の標本みたいなバンドや、ビッグ・アップル（注：ニューヨーク市）の音楽的娼婦街に巣食う居留民を発見していた。僕はそんな感じだったし、自分では気づいていなかったんだけど、パンクが誕生するのを待っていた。ちょうど1976年に起こるそれを。

そのほかのポップ宇宙の全域には、クイーンが君臨していた。片目でまばたきする間にパンクは生まれて通り過ぎていったのだが、この余波は、パンク後に登場した新しい音楽すべてに影響していた。しかしクイーンはプレ・パンク

期から活動し、すでに自身の才能と姿勢に確信を抱いている不敵なバンドだった。だからパンクによる世直し浄化や、その後の音楽やポップ文化のあらゆる変化からは距離をとっていた。それら全部を、断固として無視していた。

（もっとも、クイーンの名はパンク史の脚注に載っている。ビル・グランディ司会のTV番組〈トゥデイ〉の、クイーンの突然の降板騒ぎのことだ。代わりに出演したセックス・ピストルズが、身を包んだ本物のパンク・ファッションと、ののしりの言葉や不快な言動にて、強引にドアをぶち破るみたいにして大衆意識を愚弄してしまった、あの事件のことだ）。

（注：「ビル・グランディ事件」と呼ばれる。当時のテムズTVのご家庭向け地域情報番組への出演予定を直前にキャンセルしたクイーンの代役として、なぜか急遽呼ばれてしまったピストルズの面々が、本番中に放送禁止用語の「FUCK」をこれでもかと連発するなどしたため、同局には非難の声が殺到、新聞各紙も大々的に書き立てた。英TV史上に残る放送事故事件のこと）。

クイーンがポップの成層圏への旅、僕らの集合的ポップ意識のなかへの旅を始めたのは、すでに説明したように「ボヘミアン・ラプソディ」からだ。それ以降はなにもかもが、以前と同じ状態に戻ることはなかった。振り返ってみるとこれは、ちょうどセックス・ピストルズの「アナーキー・イン・ザ・UK」と同等に重要なシングルだったことがわかる。後戻り不可能なポップ文化の決定的瞬間を象徴するもの、という意味で。

あなたがクイーンの側の人ならば、ここから先の大いにがたつく空路のために、シートベルトを締めていた、はずだ。そうではない側の人は、プラネット・パンクへの不時着を目指して、緊急脱出口から飛び出していたかも……親愛なる読者のみなさん、僕は、後者の宗派に属していた。

1975年の「ボヘミアン・ラプソディ」から、1984年の「ブレイク・フリー（自由への旅立ち）」のMVを発表するまでの間に、フレディ・マーキュリーがどんなに狂気じみて、バッドで、破壊的な存在になり得るかに突然気づいた僕は、クイーンと彼らの音楽を避けることで、自分のポップ・ライフを営もうとした。彼らが味方しているようなものすべてに僕は対抗するのだと、自分自身を積極的に定義してもみた。しかし、もちろん彼らはたんに、より大きく大きく育っていった。よりのっぴきならない、より避けられない存在へと成長していったのだ。

クイーンは世界を制覇した。しかし基本的に、音楽プレスを制覇することはなかった。それがポップ文化界における彼らの宿命だった。いつも人気はあったが、しかし、ファッショナブルではなかった。「僕らは批評的に絶賛されることはなかった」と、ロジャー・テイラーは〈モジョ〉誌でしみじみと語っている。「しばらく経ってから、それがかなり重要なことだって気づいたよ。だって批評的に称賛されればされるほど、より多くの失敗を保証されてるってことになるんだからな」。

その最初期から、クイーンの語彙に「失敗」という言葉はほとんどなかった。後年、フレディはこんなふうに回想している。「僕たちはトップの座を狙っていたので、それ以下のものでは満足できなかったんだ」と。「僕らは最高の存在になりたかった。世界制覇したいといった意味じゃなかったんだけど、周囲にはそんなふうに聞こえたんだろうと思う。それはわかってる。でも、大量の傲慢さと、自信と、絶対的な決意が必要だったんだ……このビジネスを始めるにあたっては、傲慢さはとても好ましいものなのさ。二番手ではなく、一番になるんだ、と自分に言い聞かせること。最高を望み、頂点を目指す、ということを意味するからね」。

彼らはまた、周囲に合わせなかった。そんなことは考えもしなかった。70年代にあらわれたクイーンは時代を駆け抜けた。しかし、あの妙な時代のポップ文化の重要な一部ではなかった、という点は、憶えておく価値がある。

プログ・ロックとグラム・ロックがポップ音楽界の支配的な文脈だったときに彼らはバンドを始めたが、どっちの陣営にも入らなかった。70年代中盤から後半にかけて彼らは大きなヒットを飛ばしたが、そのころは、ビッグなものや誇大なもののすべてをパンクがののしっていた。だからクイーンが演奏するような音楽は、枯れて死に絶えるべきだった——壮大で、膨張した、ワイド・スクリーン的な代物（しろもの）だったのだから。

しかし彼らは成長を続けた。80年代初頭から中盤にかけて、クイーンは、過剰にして壮大なる野望にあふれた、スタジアム・ロックのローラーコースターへと変貌を遂げていく。自らが一貫してずっとアンファッショナブルである事実は、気づいていたとしても、一切無視をして。

シリアスなロック学生たちが、ザ・スミスやその模造品による、ワンルーム安アパート的な自己中心主義にうなずいているあいだに、クイーンは大声で誇り高く、そして弁明することも一切なく、まったく別の惑星で、ご満悦で格好つけていた。要するにクイーンとは、彼ら自身の言葉で、世界を完全

022 - FREDDIE MERCURY The Great Pretender

フレディとメアリー・オースティン、1974年のクイーンUKツアーの楽屋にて

に支配することができたロック・グループだった。

彼らの1975年のアルバム『オペラ座の夜』は、1年間イギリスのチャートの上位周辺に留まり、アメリカでは4位にまで達した。

パンクの絶頂期である76年には、続く『華麗なるレース』が、ジョニー・ロットンと仲間たちをあざ笑うかのように、全英チャートのトップに立った。そしてこの勢いは、「伝説のチャンピオン」と「ウィ・ウィル・ロック・ユー」がフィーチャーされた1977年のダブルA面シングルにも継承された。いつもの彼ららしく、言いたいことはすべて、大声ではっきりと、大胆不敵に言い放っていた。

大胆さという意味で通じる、アンセム調の「レディオ・ガ・ガ」は、MVによって完成に至った1曲だ。無意識的にか、スタジアム・ロックの雄大さと映画『メトロポリス』のファシズム的なシーンが対比して描かれている（注：『メトロポリス』のオリジナル版は1927年公開。1984年公開のジョルジオ・モロダー版のサントラにフレディが参加した縁でMVの映像使用が実現した）。

クイーンのメンバーは、高額の税金支払いを避けるため、海外へと逃避する人々となった。ヴィデオといえば、「ファット・ボトムド・ガールズ」と「バイシクル・レース」のMVは、シングルと同時にリリースされながらも、曲のなかにある暗示などへの考察は、ほぼなされなかった。

南アフリカ共和国の〈サンシティ〉で8公演したとき、クイーンは音楽プレスと左派から目の敵にされるロック・グループとなった──これはバンドのPR的観点から見るならば、きわめて稀と言えるほどの、極端に間違った行動だった──彼らはその後、国連の文化的ブラックリストに載せられてしまう。以下順不同に、クイーンは、大言壮語、あからさまなセクシズム、政治的な無責任さなどについても非難されたのだが、そういった声には影響されずに、彼らはただただ、活動を続けることを、続けた。

（注：サンシティとは、南アフリカにある一大リゾート・娯楽施設。のちに大統領となるネルソン・マンデラがまだ獄中だった80年代、同国のアパルトヘイト政策への国際的非難の高まりは天井知らずで、ゆえに同施設でのライヴ公演ボイコットが象徴的意味を持った。政治的に敏感かつ社会的公正を求める世界中の無数のアーティストが「サンシティでは演奏しない」と宣言し、それはヒット・ソングにもなった。クイーンは、世の中のこんな動きを完全に無視してしまう）。

ライヴ・エイド

音楽プレスによると、80年代のクイーンの──そしてフレディの──過剰さへの欲求はとてつもなかった、という。そうした類の逸話にはこと欠かない。

僕らは一度たりともクイーンのアルバム発表イベントや、アフター・ショーのパーティーに招待されたことはない。フレディは音楽プレスを嫌っていた。僕が当時働いていた〈NME〉も同様で、より詳しく言うと、彼に関する記事を「この男はマヌケか？」との見出しとともに掲載したとき以来、ずっと憎まれていた。でも僕らは、いろんな話を伝え聞いた。

彼らのパーティーでは、レズビアンのペアが内輪のお楽しみのためにいちゃついて、トランスヴェスタイトやドラァグ・クイーンがいて、頭を剃り上げた小人たちがコロンビア産の最高級コカインの長い線を引いているあいだに、トップレスの──あるいはボトムレスの──ウェイトレスがみんなにシャンパンを注いで回るんだ、なんていう話を聞いた。

（コカインの話の下りは、伝説的なロックンロール秘史集に入りそうなエピソードだ。ストーンズやレッド・ツェッペリンなら頻繁に報告されているような放蕩と同一線上というか。とはいえこの話題は、すべての関係者から、あらゆる形で否定されたのだが）。

彼らに一度だけ雇われたことがあるスタイリスト、ダイアナ・モズレーは「クイーンはたしかに、パーティーを開くことはできたね」と証言している。1978年、彼らはアルバム『ジャズ』のリリースを祝して、ニューオーリンズで一晩中飲みまくった。同地のストリッパーとトランスヴェスタイトの精鋭を集め、セクシーな曲芸師や、山盛りのくだらないものの下で跳ね回る男などを含む、あらゆる種類の異様さに満ちた大騒ぎだった。

数年後、ブライアン・メイは「意図的に過剰だったんだ」と回想した。「一部は僕ら自身の楽しみのために、一部は友だちの楽しみのために。部分的には……」（彼が真実を述べていると感じられるのはここだ）「……面白半分で、ちょっとやってみたくてね」。

そしてさらにクイーンは成長して、突然変異を起こす。彼らの目の前のすべてを商業的に征服した。1985年の〈ロック・イン・リオ〉（注：1月11日から10日間、ブラジルのリオデジャネイロで開催されたロックフェス。クイーンが登場した2日間のライヴは世界60カ国に中継され、2億人以上が観たと言われる）、同年後半の〈ライヴ・エイド〉（注：7月13日に

開催された、20世紀最大規模のベネフィット・コンサート。アフリカ・エチオピアの飢餓救済を目的に、英米のスタジアムをメイン会場として開催。世界150カ国にTV生中継され、のべ19億人が視聴したとされる）、1986年のネブワース・パーク公演（注：8月9日、クイーン〈マジック・ツアー〉の最終日。フレディ在籍時の最後のライヴとなった）は、80年代における最も巨大なパフォーミング・アクトとしての、彼らの並外れた、そして難攻不落の高みを見せつける、3つのライヴ・ショーとなった。

　ひとつ目は、事実上、ひとつの街全体を機能停止状態にした。ふたつ目は、彼らが文字どおり世界を征服した瞬間だった。世界中のポップ・エリートの精鋭たちの鼻先から、17分間のシームレスなヒット・メドレーを介して、おいしいところを全部いただいた。三つ目は、彼らの最後のライヴ・ショーだった。12万人の観衆を前に、6000平方フィートのステージに立った、壮観なる帰還劇だった。

　道のりのなかで、クイーンはときどき、つまずいたり転んだりもした。〈ライヴ・エイド〉の前、1978年の『ジャズ』や1982年の『ホット・スペース』といったアルバムでは、自分たちを見失い、まるで形だけ活動しているグループのようにも見えた。

　ミュンヘンで『ザ・ゲーム』をレコーディングしている最中だった1980年、彼らはバンドの方向性や著作権使用料までをめぐり、激しく争った。「僕らメンバーはみんな、一度以上はバンドをやめようとした」と、のちにブライアン・メイは認めた。
「でもそのたびに僕ら、バンドそのものが、メンバーの誰よりも重要なものなんだ、という考えに立ち戻るのさ。そんな感じだった」。彼はすこし悲しげに付け加えた。「僕たちほとんど全員の結婚よりも、クイーンはずっと長続きするのさ！」。基本的に、長いあいだ彼らを支えてきた動機は消え去っていた。要するに彼らは、やろうと試みたことのほとんどを達成しており、疲れ切って、意欲を失っていた。自分たちの成功や巨大さに飽きていた。しかし〈ライヴ・エイド〉がすべてを変えた。
「クイーンは間違いなく、その日最高のバンドだった」と、主催者のボブ・ゲルドフは熱く語った。「彼らは最善をつくし、最高の音を出して、持ち時間を最大限に活用した。アイデアを完璧に理解していた——あの場が全地球的なジュークボックスだということをね。彼らはただ出て行って、次々とヒット曲をぶちかましまくった。フレディにとって、全世界に

とって、最高のステージだったよね」。

　そして、1985年7月のあの日、フレディ・マーキュリーは、まごうことなきメイン・マンだった。ショーの目玉であり、偉大なるエンターテイナーだった。彼の小道具や、豪奢なステージ・デザイン、彼の突飛なコスチュームといったすべてを取り除いたとしても、フレディ・マーキュリーは、ほかの誰よりもずっと明るく輝いていた。

〈ライヴ・エイド〉のパフォーマンスのお陰で、フレディはチャーリー・チャップリンとともに、イギリスの郵便システム〈ロイヤル・メール〉認定のミレニアム・アイコンのひとりとして公式に選出されることにもなった。彼の画像が切手の絵柄となった。デザインを担当したのは、ビートルズの『サージェント・ペパーズ・ロンリー・ハーツ・クラブ・バンド』のアルバム・カヴァーを手掛けたことで知られるポップ・アーティスト、ピーター・ブレイクだ。「クイーンのコンサートには、〈ライヴ・エイド〉以外一度も行ったことがなかった」とブレイクは言う。
「でも私はそこで、グループと観客のあいだの親密な心の触れ合いを感じることができた。それをとらえたかったんだ。切手の上半分はライヴ会場の巨大なスクリーン画像から取ったもので、下半分は同じパフォーマンスをおこなっているステージ上の姿を直接撮影したものだ。こうした多面的な要素で、クイーンがキャリアを再興させたと私が信じる〈ライヴ・エイド〉の精神をとらえようとしたんだ」。

　ちなみに、フレディの後方、ドラム・セットの背後にすこしだけ見えているロジャー・テイラーだが、これはちょっとした事件だった。なぜなら彼は、前例を破り、王族を除いて初めて「生きているうちに切手になったイングランド人」となったのだから。

ブレイク・フリー——自由への旅立ち

　クイーンは長らくポップ音楽シーンの渦中にいた。最も大きく、最も華やかに、最も抜け目なく、勝手にけばけばしい存在として——純粋なスペクタクル、純粋なエンターテインメントとしてのロック・グループ、それが彼らだった。しかしときに、体制転覆に加担するかのような効果を発揮してしまうことがあった。もちろん無意識的に——「地獄へ道づれ」のベースラインは、グループのコントロールを超え、彼方へと旅をして、さまざまな形でサンプリングされた。今日では、ヒップホップというジャンル全体を生み出すに至った重要な音

楽的モチーフのひとつ、それがこのベースラインだった、と
見なされている。

「ウィ・ウィル・ロック・ユー」とシングルでカップリングされて
いた「伝説のチャンピオン」も同じだ。彼らが元来意図した
ものからは、月に届くほど彼方まで旅してしまったかのよう
な、そんな意味が生じている。この曲はスタジアム・ロックの
アンセムであると同様に、サッカー・スタジアムにおける最
長寿チャント(注：とくに英国で、観衆がチームを応援するた
めに大声で唱和すること)のひとつだ。「ウィ・ウィル・ロック・
ユー」のほうは、アメリカの野球やアイス・ホッケーの熱狂的
ファンによって、ほぼ同じ形で歌われている。

そしてときどき、転覆行為はよりはっきりと、しかし、よりさり
げなく推し進められていった。フレディのセクシュアリティが
関係していたところでは、彼は完璧な慎重さと明快な自己
顕示欲のあいだで綱渡りをしていた。同性愛者であると公
然と宣言することはなかったが、しかし明らかに、カミング
アウトしているも同然だった――彼のヴィデオで、彼のペル
ソナで、そして、投影された彼の自我のすべてで、それは貫
徹されていた――なにか特段の問題がない限りは、誰も見
間違うことがないほどにも、明瞭に。

突然なる口ひげの出現。ゲイのクローンみたいなスタイ
ル。ヴィレッジ・ピープル後のマッチョマンのイメージ。これら
全部で、こう言っている。「僕を見て！ 僕はゲイなんだ！」
と。この文言を蛍光色で書き付けた大きな看板を、彼は首
のまわりにぶら下げているべきだったのかもしれない。

「フレディはゲイとして生きた」と、スタイリストのダイアナ・モ
ズレーは語る。「それについて彼が叫ぶ必要はなかったし、
カムアウトすることすらなかった。彼はゲイならではの華や
かさを持っていたけれども、でも、自分自身を船首像みたい
にはとらえていなかった。公にはしたくなかったのね」。

いまもなお、フレディのファンの多くは別の考えかたを
持っているようだ。あるいは単純に、そのことについて一切
考えていないようにも思える。〈ザ・フェイス〉誌とイギリスの
一般紙〈オブザーバー〉でポップ記者をつとめるライターの
ミランダ・ソーヤーは、多くの人にこう言っているという。
「私はクイーンを聴いて育った。あのとんでもないキャラク
ターをヴィデオで見ながら。でも彼がゲイであるかもしれな
いとは、私は一度も考えなかった。本物のスターがそうであ
るように、シンプルにフレディは、彼自身の人生よりもずっと
大きなアイコンと化していたのよ。私はただ、彼が服装にこ
だわる、とんでもないパフォーマーだと思っただけだった。そ
れがポップ・ファンダムの力ね。明らかなことすら、見えなく

させることもある」。

少なくとも公の場でのフレディの不埒さの頂点は「ブレイ
ク・フリー(自由への旅立ち)」のヴィデオに残されている。
1984年にリリースされた、彼らの13枚目のアルバムである
ヒット作、『ザ・ワークス』に収録されている曲だ。

このころの僕は俗物的なロック評論家だった。クイーンは
ショービズ的で僕の対象外の存在で、ビッグだが意味のな
いものとして、無視していた。

「ボヘミアン・ラプソディ」が1975年に、僕のポップ意識を
植民地化して以来、ある意味必死で彼らを無視してきたの
だ。しかしこの瞬間、僕は考え直し始めた。より厳密に言う
と、フレディ・マーキュリーと呼ばれているこのキャラクター
について、再考し始めた。

「ブレイク・フリー(自由への旅立ち)」が制作されたのは、
ポップ音楽のヴィデオ様式が形作られ始めたころだった。
場合によっては、その映像が音楽そのものよりも重要だっ
た。制作費も、ときにかなり高額だった。デュラン・デュラン
やマイケル・ジャクソンは、ちょっとした映画なみの予算でプ
ロモ・ヴィデオを作っている。

もちろんクイーンは、この種の浪費に鈍感ではない。実
際、彼らはこれで明らかに成功した。ひとつ前のシングル
「レディオ・ガ・ガ」は、ロジャー・テイラーが作曲した。つ
まらないポップ・ラジオの増殖を嘲笑した内容だったの
だが、コーラスに合わせて手を叩かせるために、銀色のカ
ヴァーオールを着た500人のエキストラが雇われた。彼らに
とって、それまでで一番高額な予算を使ったヴィデオだった
が、狙いどおりの結果――世界19カ国でナンバーワンを獲
得するヒット・シングルとなった。

これらすべてを踏まえて考えると、「ブレイク・フリー(自由
への旅立ち)」は勇敢なる一手だった。すでにこのときまで
に、クイーンはアメリカの中部地域でも大きな人気を得て
いたのだが、この重要な市場は、元来ある意味で難攻不
落の地だった。レッド・ツェッペリンが支配するコック・ロック
(注：Cock とは雄鶏。長髪で性的な男性によるロックとい
う意味の蔑称で、メタルやハード・ロックに対してよく使われ
る)の絶頂期以来、あらゆるブリティッシュ・ロックが侵略し
ようとしても、断固として抵抗し続けてきたエリアだった。だ
からクイーンが「ブレイク・フリー(自由への旅立ち)」でとっ
た行動は、誰かにこう言われてもおかしくないものだった。
「自殺志願者なのか？」と。この市場を逃すことにつながり
かねなかったからだ。

たとえばジョン・ディーコン作の「地獄へ道づれ」は、フレディのためのテーラーメイドと言ってもいいような曲だった。あのヴィデオで彼は明らかに、クローゼットから飛び出そうとしていた。しかし今回は、それどころじゃなかった。考えられる限り最も露骨なやりかただった。いかにフレディが普段から人を驚かせていたとしても、今回ばかりは度を越していた。

最初のイメージは、50年代のフーバー社製の古びた電気掃除機を押している、腕輪を着けた毛むくじゃらの腕だ。そして、かつらを着けたフレディがあらわれる。すさまじく隆起したふたつの胸パッドを覆い隠す、ピンクのノースリーヴのトップスを着ている。ビニール製の超ミニスカート、ストッキング、サスペンダー、スティレット・ヒールの靴(p114)。彼はジョン・ディーコンのまわりで掃除機をかけまくる。ジョンは女装してソファに埋もれて、〈デイリー・ミラー〉を読んでいる。テリー・ジョーンズが〈モンティ・パイソン〉のスケッチ・コーナーでやってたみたいな、奇妙な老婦人姿になっている。

編隊を組んで飛ぶ3羽の磁器製のカモなど、時代もののキッチュでいっぱいになった郊外の家の居間のなかで、フレディは掃除機をかけながら、口をとがらせ、ふくれっ面をしながら、どうやって自由になりたいのか歌う。彼(彼女)の近くには、セクシーな女子学生姿のロジャー・テイラーがいて、キッチンの調理台前でポーズする。まばゆいばかりのピンクのネグリジェを着たブライアン・メイは、冷蔵庫のなかをかき回すため、急いで通り過ぎていく。

いまだに僕は、初めてこのヴィデオを見たときのことを思い出せる。最初のショック――いったいなにが起こっているのか?――それが愉快さに変わる。見事な化粧と、見事なはしゃぎっぷりへの感嘆。陽気なフレディは大いに楽しんでいる――ヴィデオの冒頭、歌い始めのときに、フレディはカメラに向かって意味ありげなウィンクをする。共謀の誘いだ。そして、目にかかった髪の房を払いのけるときの、堂々たる頭のゆさぶりかたといったら……プライスレス!
そして、とんでもないキャンプが限界に達したころ、フレディは居間のドアを押し開けて、この惑星全体のキャンプが明らかになる。郊外の家は、英ロイヤル・オペラ・ハウスにならぴったりと思えるようなセットへと転換する。フレディによると、黒と白のボディスーツは、ドビュッシーの管弦楽作品『牧神の午後』におけるニジンスキーに敬意を表しているそうだ。

彼はホーンを吹き(p113)、うつ伏せになって、エキストラたちが伸ばした体の上を転がりながら横切って、そして、彼を崇拝する人々の腕のなかへと岩から飛び降りる。狂ってる! 大はしゃぎだ! 故意に、見事に、完璧にキャンプだ。まじりけなしのフレディ・マーキュリーだ。

しかしアメリカ中部の居間にとっては、「ブレイク・フリー(自由への旅立ち)」のヴィデオは、あまりにも「皮肉とキャンプ」の世界へと深く入り込み過ぎていた。このふたつの概念は、イギリスから大西洋を隔てたブルーカラー・ロックのお客には、あまり馴染みがないものだった。
「あのヴィデオが公開されたとき、まさにそこにいたことを僕は憶えているよ」と、のちにブライアン・メイは回想した。
「とにかく広い範囲から、嫌悪と衝撃と恐怖が湧き上がった。こんな感じだったよ。『あいつら、女みたいに着飾ってやがる! なんでそんなことできるんだ?』。ヴィデオのなかで、異性の衣服を身に着けるってのは、全然ロックンロールじゃなくって、到底受け入れられることじゃなかったんだ。『どうぞ、お好きに』とはいかなかったんだ。本当に大ショックだったよ。アメリカ中西部の人々は突如として、フレディが実際にゲイかもしれないと考え始めたんだと思う。それは衝撃的なことだった。許されざることで、ちょっと恐ろしいことだったのさ……」。

人々のこうした反応について、いまじゃほとんど理解できないかもしれない。しかし残念ながら、それが当時の真実だった。あの光り輝く、画期的な、そして楽しく大はしゃぎしているヴィデオの裏側で、クイーンはアメリカ人聴衆のかなり多くを失った。

アメリカのロック・プロデューサーで、ニュー・オーダーやアッシュと仕事をした経験があり、そのほかの英グループのホスト役もつとめるアーサー・ベイカーは、この事件について詳しく語る。
「クイーンはつねに観客の期待を裏切った。おそらく、アメリカのハートランド(注:両太洋に面していない内陸部の諸州、なかでも中西部地域を指す)に住む人々にとっては、行き過ぎた行為だったんだろうね。僕が70年代にボストンで育ったときには、ヒップなハードロック・バンドを好きじゃなければならなかった。でもハートランドは、しばらくのあいだ、レッド・ツェッペリンすら排除してたぐらいだからね。

あのときの問題は、フレディがゲイであり、彼の歌にはいろんな裏の意味があるなんて、誰も思ってなかったことにつきる。クイーンという名前にすら、誰もぴんと来なかっ

フレディ・マーキュリーとは何者だったのか？ - 027

フレディとモンセラート・カバリェ

た。そういった考えは、単純に誰の頭にも浮かばなかった。もしくは、クイーンがみんなを騙したのかもしれない。今日に至るまで、どっちが正しいのか僕にはわからない。

　僕が知っているのは、彼らが僕の気を張り詰めさせた、ということ。僕は彼らをハードロック・グループと見なしていた。そんなところに『地獄へ道づれ』だよ。R&Bラジオ局で最もエアプレイされたレコードとなった──凄まじいブラック・ラジオ・ヒットさ。それから僕は『ブレイク・フリー（自由への旅立ち）』のヴィデオを観た。なんてこった！　ってなったよ。最高だった！　それまでで一番おかしくて、一番やり過ぎた内容のポップ・ヴィデオだった。でもニューヨークと、たぶん西海岸以外に住んでるアメリカ人にとっては、ただ理解の外だった。アメリカでは、ロックの観客って本来とても保守的なんだけど、その人たちを怒らせちゃった。トランスヴェスタイト？　ゲイのロック・シンガー？　冗談じゃねえ！　ってね」。

　ベイカーが認めているように、今日的ポップのなかに、これに似たものはない。おそらくは、フレディ以外のほかの誰も、彼のような想像力、ユーモア、ヴィジョン、なにかをとことんまでやる度胸を、兼ね備えてはいないから。

アイ・ウォント・イット・オール──全て欲しい

　マーキュリアル（mercurial）という言葉には、いろんな意味がある。僕の手元のオックスフォード英語辞典では「きらきらした（prightly）」「機転のきく／明敏な（ready-witted）」「気まぐれな／移り気な（volatile）」と定義されている。この単語そのものがフレディ・マーキュリーをあらわしている、と言っても過言ではない。

　自分で決めた姓のとおりの人生。いや、それ以上のものを送った、ポップ・カメレオンと呼ぶべき男。彼は複雑な人生を歩んだ。矛盾をはらんだようにも見えるものを。

　フレディはイギリスにおける初のインド人ポップ・スターだったが、ザンジバルとインドにルーツがあることについては、妄想的なまでに秘密主義だった──彼の最初の広報担当者は、ついぞ本名を知ることすらなかった。ファルーク・バルサラの、10代最初に撮影された写真のいくつかを見ると、どこに彼の不安があるのか、見てとるのは難しくない。あるいは、愛されたい、受け入れられたいと熱望していることすら容易に見えてくる──フロイト派の精神分析医だったら、重要な決定要素となるのは野心ではなく、成功しようとする意志に由来する、と言うところだろうが──たとえギャツビーみたいなヒーローっぽい格好をして、サマー・

シートでくつろいでいたとしても、ぎこちなく、自分自身にすこし不安を感じて、落ち着かない気分でいるように見える。

　彼の有名な歯は、セント・ピーターズ校で彼に「バッキー」というあだ名を招来した。この歯は、生涯にわたってフレディの不安感の源だった。とはいえ彼は、審美歯科的な調整は望まなかった。歯を変えることによって、歌声の音色に影響が出るのを恐れたからだ。

　プレスリー以降、ロックンロール・ルックの典型的なロール・モデルをイングランドとアメリカが提供した世界では、フレディが背負っていた民族的、文化的な異端性は、当初は重荷となったに違いない。そしておそらく、彼は完全にこれを乗り越えたことはなかったと思える。しかし、そんな根深い異端性があったにもかかわらず、スターは誕生した。

　なぜなら、そこは異端性を祝福し、奨励するような場所だったから。アウトサイダーが居場所を見つけられるだけではなく、共感者となってくれる多くの聴衆をも得ることができる、そんな空間でもあったから。

　ポップ・ライフとは、ほとんどいつも複雑で、かつ矛盾をはらんだものだ。だから逆に言うと、彼の内なる矛盾すべて、彼のほぼ完全なる自信、そして、いつもつきものの不安といった点などは、ポップ界ではめずらしいものではなかった。フレディ・マーキュリーは、ごく普通にその場に受け入れられた。

　しかし彼の人生は、とくに最初の成功のあとは、めずらしいほどの複雑性を帯びていた。フレディにとって初めて重要で、持続的な恋愛関係にあった人物は女性で、メアリー・オースティンという名だった。ふたりはボーイフレンドとガールフレンドとして同棲していた。フレディは注目を集めたがる外向的な性格だったが、彼女はもの静かで思慮深く、内向的な性格だった。メアリー・オースティン以上に、フレディとは正反対の資質を持ったまま、彼の「特別な人」となるような人物を想像することは難しい。そしていまだに……そう、いまだに、彼らの友情、彼らの愛は持ちこたえ続けている。

　メアリーは、有名になる前のフレディと出会った。クイーンがまだ組織され始めたばかりでミーティングやリハーサルをしては、初歩的な課題を克服しようとしていたころだった。当初、彼女は彼を「万華鏡のようなパーソナリティ」だと見なした。「私の目をたくさんの色へと見開かせてくれる人だと思った……彼は人生の皮肉を感じとり、ユーモアを探した。暗いのは好きじゃなかった」とメアリーは述べている。

　そののち、フレディの名声が高まったころ、抑圧されてい

た彼のセクシュアリティが解放され、ふたりの関係は終わる。フレディ自身の言葉で言うと「涙で終わった」。しかし両者が認めているように、ふたりは身近な存在であり続けた。肉体関係がなくとも恋人どうしでいることが可能なのと同じくらい、身近なままだった。「そこ（ふたりの恋愛関係）から、深い絆が生まれたんだ。僕らからそれを奪うことは、誰にもできない。アンタッチャブルなものなのさ」とフレディは認めたあとで、まるで僕らがメッセージを受け取らなかったかのように、こう付け加えた。「僕の恋人たちはみんな、なぜ自分がメアリーに取って代わることができないの？　って聞くんだけど、でもそれは、まったくもって不可能なことなんだ」。

これは複雑だ。「リズ・テイラー（注：エリザベス・テイラー 1932-2011　イギリス出身の大女優。ハリウッド黄金時代の象徴のひとり）より恋人が多かった」と告白するゲイの男性が、不朽のロマンチックな愛という、深遠な異性愛の理想を継続させようとしている。恋愛、人生、フレディは単純に、それらにおけるすべてを欲しがっていた。だから彼は、自身は乱行をしまくっていたにもかかわらず、完璧な「ふたりだけの生活」というロマンチックな理想にできる限り近づくという考えに、明らかに魅了されていた。メアリー・オースティンとともに歩む、愛ある人生に。

1996年の11月に〈サンデー・タイムズ〉紙に書かれた記事を見てみよう。フレディの人生を追った写真展の開催を祝すため、ロンドンのアルバート・ホールにおもむいた、ブロードキャスターにして文化コメンテーターのウォルデマー・ヤノスチャックは、こう記している。

「たとえフレディが私生活において、すさまじいまでにキャンプだったとしても、彼は自身のセクシュアリティについて、公の場ではいつも口を閉ざしていた。いや、恥ずかしがってたわけじゃない。まぎらわしいんだよ。たしかに彼は、そのことについて両親に隠してた。私が見た、バルサラ家の集まりを撮影したすべての写真で、彼はメアリー・オースティンをともなっていた。かつてフレディと一緒に住んでいて、彼が財産の大部分を遺した、心から愛していた元ブティック・オーナーである彼女を。一方、ジム・ハットンの姿はない。フレディが病気になったあとの最悪の時期に看病してくれていた恋人の彼は、家族写真のどこにもいなかった」。

メアリー・オースティンと破局したあと。少なくとも、肉体関係が終わったあと、フレディの成功は巨大化していった。真の友人や崇拝者の一行に囲まれたが、それと同じぐらい、自称求愛者や腰ぎんちゃくにも取り巻かれた。それは王様フレディの宮廷――本来は女王であるべきなのだが――として知られるようになった。

彼は、贅沢なパーティーをミュンヘン、ニューヨーク、そしてとりわけ頻繁に、彼のロンドンの家〈ガーデン・ロッジ〉で開いた。しばらくのあいだフレディは、ステージの下でも上でも人の注目の中心点であり、生きて呼吸する、超弩級サイズで描かれた「パーティー・アニマル」の語義そのものだった。

必然的にそれは、肉体的にも感情的にも犠牲をともなった。「僕の恋愛は、長続きしないように思える」とかつてフレディは、悲しげに言った。

「僕のなかには破壊的な要素があるに違いない。恋愛関係を築こうと一生懸命努力するんだけど、なぜか人を遠ざけてしまう……愛って、僕にとってはロシアン・ルーレットなんだ。誰も本当の僕を愛してくれない、みんな僕の名声とスターダムを愛してるんだ」。

愛は僕にとってのロシアン・ルーレット――。フレディが一度ならず幾度か認めたところによると、ニューヨークとミュンヘンのすごくワイルドなゲイ・クラブで、しばらくのあいだ、彼は文字どおり、愛のロシアン・ルーレットをやっていた。ロンドンではなかった理由は、そこではフレディはあまりにも知られ過ぎていて、善意のファンやあまり善意のないパパラッチの注意を引いてしまうからだ。

1976年におこなわれた、クイーンの2回目のアメリカ・ツアーでは、すでにフレディは、こんなふうに語っている。相手はタブロイド紙のジャーナリスト、リック・スカイだ。

「過剰は僕の本性の一部だ。僕にとって、退屈さは病気なんだ。僕には本当に、危険と興奮が必要なんだ……僕って絶対的に、性的な人物なんだよね……へんてこで面白い奴らを、自分のまわりにはべらせておくのが好きなんだ。生きてるって実感を、僕に与えてくれるからね。極端にストレートな人たちには耐えられない。僕は自分の周辺にいる変わった奴らが大好きなんだ」。

この目標を達成するために、フレディはカジュアル・セックスが選択肢のひとつというよりも、当たり前の現実だった地下の世界を深く掘り下げていった。

性生活においても、ほかのほとんどすべてのことと同様に、彼はリスク・テイカーだった。しかし、僕らがすでに知っているように、80年代における「賭け金」は高かった。そのギャンブルは、文字どおり生死を賭けるものだった。「彼は、天使たちが足を踏み入れるのを恐れるような場所に行った」と、リック・スカイはフレディの伝記作家レスリー・アン・

ジョーンズに語っている。「フレディは古風に洗練された人だったが、荒れた場所で冒険することを好んだ。彼の究極のファンタジーは、街娼の少年をオペラに連れて行くことだったんじゃないかな」。

1987年の彼は、これとさほど遠くない行為をおこなった。ミュンヘン時代のワイルドな快楽主義のあと、ロンドンで比較的落ち着いていたはずの時期のことだ。オペラを観に行ったフレディは、そこからそのまま、ディーヴァを彼の家へと連れ帰った。

これはフレディ・マーキュリーの比較的短く、まさに事件満載の生涯において実行したすべての偉大なプロジェクトのうち、最後にして、そして最もありそうにないものだった。

オペラ座の夜

「オペラの女王は、ひとりのディーヴァ、歌姫を選ばなければならない。そのほかのディーヴァも賞賛されたり、楽しまれ、愛されることもあるだろう。しかし、オペラの女王の心を支配できるのは、たったひとりのディーヴァしかいない。まるでコンパスが円を描くように、ただひとりのディーヴァだけが、聴衆の人生を描写する力を持つのだ」ウェイン・ケステンバウム著『女王の喉 ── オペラ、同性愛、そして欲望の謎（原題：The Queen's Throat – Opera, Homosexuality and the Mystery of Desire）』(Penguin Books)。

僕が指し示すオペラの女王とは、フレディ・マーキュリーのことだ。ディーヴァは、モンセラート・カバリェだ。お互いがお互いを発見した、と言ったら詩的なのだろうけど、実際には、フレディが彼女を見つけた。それ以前の彼女は、幸いにも彼の存在を知らなかった。名著『女王の喉』──どれほどフレディはこのタイトルを愛したことか！──のなかで、ウェイン・ケステンバウムは無意識のうちにオペラの魅力の

「僕たちはザンドラ（注：ザンドラ・ローズ。1940- イギリスのファッション・デザイナー。アヴァンギャルドな女性服で有名）のもとに行って、僕たちのドラマチックな可能性を増強するものが欲しいって言ったんだ。彼女はすごく熱心に取り組んでくれた。とってもドラマチックなレディだからね。当時あんなことをやるのは、すごくかっこわるいことだった──だって、バンド連中の例外なくほとんど全員が、すごく少ないライトのもとでライヴをやってた時代なんだから。どうせステージ上のことは観客からよく見えないってことで、みんなジーンズとTシャツを着てた」ブライアン・メイ

「フレディはザンドラの服にめちゃくちゃ盛り上がってた。あの服を、どれほど彼が愛したことか。彼は両腕のあしらいをすごく気に入ってたよ。事実上これは、彼に翼を与えたかのようなものだった。僕が彼を撮った日のことを憶えているんだけど、その日の彼は、服に合わせて翼が付いた靴を履いていたね」ミック・ロック 写真家　1974年の夏に撮影

一部を指し示している。

ロック音楽を盛り上げて成り上がった人物が、いかに最強に意地悪く野心的で、実際クイーン的に大げさだったとしても、アイーダやカルメン（注：どちらも同名オペラのヒロインの名前）の野望や大言壮語には及ばない。ケステンバウムは書く。「声の大きさ、高さ、深さ、豊かさ、そしてオペラ的な過剰な発声。これらが明らかにする！　あなたの身振りがどれほど小さくて、あなたの身体性がどれだけ貧弱なのかを、コントラストによって、あらわに……」と。

ただひとり、ではないにしても、フレディ・マーキュリーを無言にしてしまう数少ない人のうちのひとりが、現代におけるディーヴァの化身、モンセラート・カバリェだった。

彼は1983年5月、ヴェルディの『仮面舞踏会』上演中に彼女を見つけた。フレディは助手であるピーター〝フィービー〟フリーストーンとともに観劇に訪れていた。お目当ては、世界で最も有名なテナー歌手、ルチアーノ・パヴァロッティだった。

「第一幕でパヴァロッティが登場してアリアを歌った。フレディはそれが素晴らしいと思った」とフリーストーンは、レスリー・アン・ジョーンズ著『フレディ・マーキュリー　〜孤独な道化〜』で詳しく述べている。

「第二幕では、プリマドンナがやって来た。そしてそれがモンセラート・カバリェだった……彼女は歌い始めた。まさにその瞬間、フレディは大いに驚いた。そのときから彼は、彼女だけを欲しがるようになったんだ……」。

ふたりがついに録音したアルバムは、僕にとっては音楽世界の中心にあるようなものだ。豪華なパッケージにおさめられたCD3枚組のアルバム（注：2012年リリースのスペシャル・エディション版『バルセロナ』を指している。オリジナル盤はCD1枚のみ）は、完全なる勝利と言っていい名作だった。

これは、フレディの声が他のソロ・アルバムにはない形で生かされている作品だ。彼のキャリアには、時折、ロックやポップの幅の狭さに対するいら立ちが見てとれる——最初にフレディが様式の境界を押し広げようとしたのが「ボヘミアン・ラプソディ」だった。三部構成のミニ・ロック・オペラと言えるものだった——ようやく彼は、この鬱屈を、ふさわしい歌手とともに吹き飛ばしたのだ。

（モンセラートのほとんど幽霊のようなトーンを最初に聴いたとき、フレディは、うやうやしく啓示的にこう言ったという。「これだよ。これが本物の歌手なんだ」と）。

フレディ・マーキュリーとモンセラート・カバリェの共演で僕が好きな点は、ある意味、「ボヘミアン・ラプソディ」や「ブレイク・フリー（自由への旅立ち）」のヴィデオを好む理由と同じだ——野心、度胸、男らしい向こう見ずさ。ポップ歌手とオペラ歌手のデュエットというアイデアには、どこか信じがたいところがある。両者のあいだにあり得るのは、対決もしくは低次文化と高次文化のあいだの妥協ぐらいで、どちらの側にも勝利は生まれないように思える。威厳すらも。

しかしながら、これは違った。フレディはモンセラートを理解していたし、彼女はフレディを理解していた。ふたりは最初から、お互いのチーム一同含めて大いに楽しみ、明け方まで起き続けては、ピアノのまわりでミュージカルやショーの歌、ポップ・ソングやライト・オペラの曲を歌った。ふたりはともにディーヴァだった。一緒に、仲よく。

彼らは必然的に、お互いのために十分な大きさのステージを見つけることになった。バルセロナのオペラ・ハウス・オーケストラおよび合唱団と共演して、スペイン王と女王を含む観客の前で演奏したのだ。〈ラ・ニット〉野外フェスティヴァルの会場だった。このショーのあいだに、同市は正式に、韓国ソウル市からオリンピック旗を受け渡された。
（とはいえこのときのふたりは、歌ったというよりは、モノマネをしただけだったのだが——これはフレディの繰り返されている問題である、声帯結節のせいだった。歌手にとっての悪夢だ——現実的な支障はほとんどなくとも、しかし、その場の重要性をわきまえたとき、この問題の影響は無視できないものがあった）。

何年ものあいだ、アルバム『バルセロナ』におけるモンセラート・カバリェとのデュエット曲群は、フレディ・マーキュリーの最後の大きな勝利だと見なされていた。もちろん、彼はこれ以降にもソロ・アルバムを作ったし、クイーンのヒット曲もあった。しかしこのコラボレーションは、ほかとは一線を画す、まさに意志の勝利と呼ぶべきものだった。

彼はロック音楽の外で自分自身を再創造するチャンスがあることを見てとって、ジャンプしたのだ。言うなれば、それは信念の、確信の、自らを信じているがゆえの跳躍だった。

彼のほかのソロ・アルバムも聴いてみよう。さらに別のフレディ・マーキュリーの姿を垣間見ることは可能だ。しかしそこでは、フレディが自らの特異な能力に自信を持っていることは伝わってくるのだが、奇妙なことに、「ほかの3人」が彼の周囲にいないまま漂流している誰かさん、という感じにも見えてくる。

"Those were very sad days, really, but Freddie didn't get depressed. He was resigned to the fact that he was going to die. He accepted it."

「本当に、とても悲しい日々だった。でもフレディは絶望したりしなかった。
彼は確実に死ぬことになったという事実に身を任せ、受け入れたんだ」

アルバム『Mr. バッド・ガイ』には、感情および音楽的豊潤さはあるのだが、商業的には成功しなかった。そして『ザ・グレート・プリテンダー』(これはアメリカ盤のタイトルだったのだが、こっちのほうがずっと内容に合っている。イギリス盤は『ザ・フレディ・マーキュリー・アルバム』だった)。これらは、フレディ・マーキュリーがどのように見られていたのか、そのイメージをさらに付け加えていく。エンターテイナー、カメレオン、完璧なあつかいやすさで、音楽的外観を出し入れする人。

まるでこれは、僕に向かって手を差し伸べようとしている男を連想させる。しかし、その腕──彼の能力──は、完璧に伸び切ることはない。聴き手である僕のところまで届かない。フレディはあたかもここで、将来のソロ・キャリアのために、どんな水が自分に合うのか暫定的にテストしていたみたいだ。本当のところは誰にもわからないのだけど。

そうしたソロ2作より、個人的には『バルセロナ』のフレディ・マーキュリーのほうがもっとエキサイティングで、より興味をそそられると考える。あなたは文字どおり、新しさと挑戦によっていかに彼が刺激され、エキサイトしていたのかを、聴くことができるだろう。要するにフレディは、彼のクリエイティヴな要素のなかにこそ存在するのだ。そのことひとつだけとっても、木戸銭ぶんの価値はあるはずだ。そしてこれはまた、創造的にでも社会的な意味でも、かくあるべき常識や、周囲の期待や、あらゆる制約に逆らう人生を送ってきた彼に、なんとふさわしい告別の辞だったろうか。

ショウ・マスト・ゴー・オン──
ショウは続けなければならない

「本当に、とても悲しい日々だった。でもフレディは絶望したりしなかった。確実に死ぬことになったという事実に身を任せ、受け入れたんだ。私たちはみんな、いつか死ぬ。それにとにかく、あなたは年寄りのフレディ・マーキュリーを想像できるかい?」(ピーター・フリーストーン。レスリー・アン・ジョーンズ著『フレディ・マーキュリー 〜孤独な道化〜』)。

1987年、フレディ・マーキュリーはHIV陽性と正式に診断された。アルバム『バルセロナ』が発表される1年前のことだった。彼は最後の日々を、親密な友人たちの輪に囲まれて、ロンドンおよびスイスのモントルーにて過ごした。個人的なアシスタントのピーター・フリーストーンとジョー・ファネリ、マネージャーのジム・ビーチ、そして彼の生涯において二番目に大きな愛の相手、ジム・ハットンがいつも側(そば)にいた。

「彼は理解して、避けられないことを受け入れた」とメアリー・オースティンは回想する。「私は人間が信じられないほど勇敢になるのを見た」と。

フレディは、近しい仲間たちおよびバンドのそれぞれに、順番に、直接伝えた。話を聞いた全員が、最悪の事態を予想した。だからみんな、その件について二度と話題にしないようにお互い誓い合った。

「彼は受け入れていた」とピーター "フィービー" フリーストーンは言う。「彼は不運な人のひとりだった。彼に後悔はなかった。うーん、でもそうだな、ひとつはあったかも──彼

"I think Queen songs are pure escapism, like going to see a good film."

「クイーンの歌は、純粋な現実逃避だと僕は思う。いい映画を観に行くようなものさ」

のなかには、まだ沢山の音楽が残っていたから」。

残されたこの課題を達成するために、フレディはできるかぎり長い時間、クイーンと一緒にレコーディングした。ほかのメンバーが彼の病気を知ったときに全員がとった行動を、ブライアン・メイが記憶に残る言葉で表している。「まるで甲羅、防護用の外殻みたいに、僕らはみんな、彼のまわりに集合して固まった」。

クイーンはここからさらに、1989年の『ザ・ミラクル』、1991年の『イニュエンドウ』という、絶賛された2枚のアルバムを作り上げた。シンガーとしてのフレディは、身体的に厳しい状態をも克服して、あくまでも彼が求める品質基準に到達しようとした。

彼の最後からふたつ目のヴィデオにおいて、フレディは狂ったバイロン卿(注:ジョージ・ゴードン・バイロン男爵 1788-1824 イギリスのロマン主義の詩人)のように着飾って「僕はちょっと狂い始めている」と歌った。その男にはスタイルがあり、燃えさかるような熱さがあった。最後のヴィデオ「輝ける日々」では、フレディは一転して、壊れやすくも霊妙な雰囲気をたたえている。まるで彼が、いつなんどきでも、一迅の風に運び去られてしまうかのようにも見える。やり過ぎのジェスチャーや不断の運動は、もろさと静かなる尊厳に取って代わられた。映像での彼の最後の言葉は、「僕はまだきみを愛してる」だった。フレディは彼を崇拝する人々に向けて、親密にささやいた。彼は最後までディーヴァだった。

その最後の時期、フレディ・マーキュリーがやった個性的な贅沢のひとつが、クイーンのレコーディング・スタジオ近くのモントルーにアパートメントを購入し、決してそこには住まないことを知っていながらも、壮麗な内装で飾り立てたことだ。現実を浸食してくる死すべき者の定めに対しての、彼の果敢なる最後の抵抗だった。

さらにフレディは、最後まで外で食事をしなければならないと主張しては、友人を高級レストランでもてなす気力を養うために、何日もベッドで寝て過ごすこともよくあった。まじりっけなしのスタイル、まじりっけなしの気品。

そして彼は、かつては極端に退屈だと思っていたはずのモントルーの絵ハガキ調の静寂のなかに、安らぎと孤独の感覚を見出したようだった。静寂のなかで、そこからの日々の多くを過ごした。彼は何日も湖を眺めて過ごしては、私的な空想のなかへと迷い込んだ。

フレディは、最後の悲しい曲をふたつ書いた。ひとつは「ウインターズ・テイル」——タイトルがすべてを物語っている。もうひとつはブライアン・メイとの共作で、簡潔にして伝記的な「マザー・ラヴ」。子宮に還ることについての歌。安全性、快適さ、精神性、感情的かつ身体的な安らぎについての歌だ。

その後ロンドンに戻ったフレディは、イーリング・アート・カレッジを卒業して以来初めて、絵を描き始めた。ベッドに横たわって愛猫の線画を描き、抽象的な水彩画も描いた。

1991年10月、クイーンの40枚目のシングル「ショウ・マスト・ゴー・オン」がリリースされた。まじりっけなしの虚勢、まじりっけなしのフレディ、まじりっけなしのクイーン。

B面は「炎のロックン・ロール」(注:彼らのデビュー・シングルのA面だった曲。原題の「Keep Yourself Alive」は「きみを生かし続けろ」という意味)だった。

フレディの死

11月23日、フレディが承認した声明がマスコミに発表されて、多くの人々が疑っていたことが事実だと確認された。

フレディ・マーキュリーがエイズに罹患しているということを。この翌日に彼は死亡した。真夜中に声明が出された。「フレディ・マーキュリーは、今日の夜、ロンドンのケンジントンにある彼の自宅で安らかに死にました」。簡潔にそう述べられた。「彼の死はエイズによる気管支肺炎の結果でした」。

彼の火葬のとき、録音された音楽がいろいろかかった。まず、アレサ・フランクリンが歌う「きみの友だち」(注：米シンガー・ソングライター、キャロル・キング作の有名曲。原題は「You've Got A Friend」。ジェームズ・テイラーの歌唱版が71年に全米1位を獲得)だった。オーク材の棺が炎のなかに消えていくときには、モンセラート・カバリェの歌。ヴェルディ作曲のオペラ『イル・トロヴァトーレ』より、「恋は薔薇色の翼に乗って」だった。フレディ・マーキュリーの、オールタイム・フェイヴァリットの1曲だ。死してなお、彼には人を驚かせる才能があった。

1995年の『メイド・イン・ヘヴン』は、フレディの不在にもかかわらず、デジタル・テクノロジーを駆使して、クイーンの4人全員を再び結集させた。彼の墓碑銘と呼ぶにふさわしいアルバムだった。しかし皮肉なことに、そのトーンと内容において、グループがこれまでリリースしたなかで、最もクイーンらしくない1枚となった──堂々として思慮深く、心に染みて、そして優しいアルバムだった。フレディ・マーキュリーが本当の自分を隠すために着けていた多くの仮面が、これら最後の別れの歌を書いたり録音したりしているあいだに、ついに最終的に、全部滑って落っこちてしまったかのようだった。

「僕の化粧は色あせていくかもしれない。でも、僕の微笑みは残り続けるのさ」と彼は果敢に歌う。そこでは誠実さや脆弱性が隠さずにさらけ出されていて、感動的だ。これまでに一度も聴いたことがないほどに。

1992年4月20日、クイーンの残るメンバー3人は、ウェンブリー・スタジアムでフレディ・マーキュリー追悼コンサートを主催した。ライヴには、クイーンのグレイテスト・ヒッツにあたる曲を歌うゲスト・ヴォーカリストの数々がフィーチャーされた。ジョージ・マイケル、デヴィッド・ボウイ、アニー・レノックス、ライザ・ミネリ(1946- アメリカの女優、歌手。72年のミュージカル映画『キャバレー』が代表作。薬物依存など私生活ではスキャンダルが絶えなかった)、アクセル・ローズ、そしてもちろん、フレディの偉大な友人であるエルトン・ジョンといった面々が、綺羅星のごときラインナップのなかにいた。疲れることを知らないエイズ・キャンペーンの活動家で、

セルロイド・ディーヴァの化身、エリザベス・テイラーは、フレディの栄誉をたたえてスピーチした。

しかしアーティストたちが次々と、アンセムやラヴソングやエピックの数々を宙に解き放っていけばいくほど、フレディの不在という事実が、ウェンブリーのステージから強く立ちのぼってくる。皮肉にもすべての演奏は、マスター・フレディを偲んだものだったのだが。クイーンのバック・カタログのヒット作一覧において、フレディ・マーキュリーよりもうまくやれる者など、世にただのひとりもいないのだ。

この年、〈マーキュリー・フェニックス・トラスト〉が設立された。同団体は、エイズ関連の疾病対策のために資金を調達し続けている。また、1991年に「ボヘミアン・ラプソディ」が再発売され、再びナンバーワンを獲得したときには、エイズ撲滅のための基金〈テレンス・ヒギンズ・トラスト〉(注：世界規模でエイズ対策をおこなう慈善団体)のために100万ポンド以上が寄付された。

フレディ・マーキュリーの遺灰がどこに撒かれたのか、彼に最も近かった人々以外、誰も知らない。彼の音楽的なバック・カタログを除けば、イギリスにフレディ・マーキュリーの記念碑はない。ファンは、彼の誕生日と命日には、メアリー・オースティンがフレディの文化遺産に囲まれながら暮らす〈ガーデン・ロッジ〉に集まる──文化遺産の内訳は、美術品、工芸品、帝政様式の家具、最後の出発に備えて彼が持ち歩いていた、高価で美学的に魅力的なこまごまとしたものなどだ。

メアリーは毎年、集まった人々に向けて、追悼の祈りである短い声明を読み上げる。僕は気づかされる。まだ人々の哀悼が寄せられているにもかかわらず、彼の死とは、たんなるポップ・スターのそれではなく、ヴァレンチノやカラスに近い性質がある、ということを(注：ルドルフ・ヴァレンチノ 1895-1926 無声映画時代に活躍したハリウッド・スター。マリア・カラス 1923-1977 20世紀最高のソプラノと賞賛されるアメリカ人オペラ歌手)。この比較にフレディは賛同してくれると僕は確信する。

彼はまた、これも間違いなく許可しただろう。レーニン博物館の入り口を飾る英雄的なレリーフの作者としてよく知られる、チェコ生まれの彫刻家、アイリーナ・セドレツカが制作した、高さ8フィートのフレディ・マーキュリー像(p3)だ。圧倒的なパフォーマンスをおこなっている最中の彼の姿が、1996年から、レマン湖のモントルー側湖畔の台座の上にある。

天に向かって突き上げたこぶし、張りつめた上腕二頭筋という、スタジアム・ロック・ポーズで立っているフレディ像は、毎日、湖の向こうに落ちていく夕日と向き合っている。だから景色を見にやって来た人々はおろか、彼の忠実なファンに対しても、この像はつねに背中を見せていることになる。

「あの像が、人々に背を向けると知っていたら」と、アイリーナはのちに述べている。「彼のお尻にもっと時間をかけていたでしょう」。

ザ・グレート・プリテンダー──偉大なる見せかけ屋

無二のパフォーマーにして、カメレオンのような人物であるフレディを、僕らは究極的には、どのように位置づけることができるのだろうか？　たしかに彼はポップ・スターだった（そしてそこに至るまで、しばらくのあいだはロック・スターだったことを、僕らは忘れない）。彼はまた卓越したエンターテイナーであり、その場の注目をかっさらう奴であり、リスク・テイカーであり、そしてディーヴァだった。しかし彼は、こうしたラベルのどれよりもずっと大きく、ずっと複雑だった。

ロック音楽が文字どおりその重要性を伸張させていた時代。フレディ・マーキュリーは、ロックにまつわるすべての怒りや不安を軽減した。彼は自らのパブリック・イメージや一連のペルソナの数々を作り上げ、エンターテインメントと現実逃避がぐるになって結託していた古き日々へと立ち戻っていった。エンターテインメントの根本的性質が、現実逃避手段の提供だったころのことだ。

「クイーンの歌は、純粋な現実逃避だと僕は思う」とフレディは言った。「いい映画を観に行くようなものさ。終わったあと、彼ら（観客）は立ち去ってこう言うことが可能なんだ。『あれ、すごかったよね！』ってね。そしてみんな、自分が抱える問題のなかへと戻っていくんだ」。

1941年に公開された、『サリヴァンの旅』というコメディ映画がある。プレストン・スタージェスが脚本を書いて監督した、偉大にして不朽の価値を備えた名作だ。主人公は、大成功を収めたハリウッド大手スタジオの映画監督で、タイトルにもなっているサリヴァンだ。彼が手掛けたロマンチック・コメディ大作の数々は、そのすべてが興行的に大成功していた。しかしサリヴァンは、もっと意味があるなにか、本当に芸術的で社会的価値があるなにかを手掛けたいという願望にとらわれる。おりしもアメリカは大恐慌の時代。普通

の人々の大多数にとって、社会的良心ある映画とは、いかなるものなのか。それを研究するため、無宿の放浪者に変装した主人公は、旅に出る。

そして不法に投獄されるなどの一連の大冒険を経たあとで、彼は理解する。一般市民が欲しているのは社会的主張や政治的教育ではなく……あなたが予想したとおり……エンターテインメントや現実逃避なのだ、ということを。

フレディ・マーキュリーには、このような発見の旅をする必要はまったくなかった。彼は心の底からわかっていたからだ。彼をほかの者よりも大きく、輝かしく、無謀にもさせたあらゆる衝動が、すでに伝えてくれていたからだ。純粋な、混ぜ物のないエンターテインメント──スペクタクルと幻影の勝利──それそのものに価値があり、人々を高揚させるのだ、と。

彼はエンターテインメントとしてのロック音楽に献身していた。つまり拡大解釈すると、現実逃避としてのエンターテインメントに献身していたことになるから、聴き手は──とくに僕らのような評論家連中は──フレディを裏の裏まで徹底的に知りつくしている、と思っていた。僕らは彼を丸ごと要約してしまった気分でいた。彼がときどき自分自身についてそう見ていたように、僕らはフレディを、偉大なる見せかけ屋だと見なしていた。普通の人間が洋服を試着するように、外見やペルソナ、イメージをお試しする人物として。

なぜならば、彼は繰り返し僕らに語っていたからだ。自分はたんなる「天然のパフォーマー」であり「外向的な人」だと。

ゆえに僕らは、僕らが築き上げたポップ文化の重要人物、成功はせずとも「シリアスな」少数のパフォーマーの列に、フレディが属するなどとはすこしも考えていなかった。（興味深いことに、アメリカのバンド、ニルヴァーナのリーダーであり、最後の偉大なる苦悩稼働系ロックンロールの表看板だった故カート・コベインは、遺書のなかでこんなふうに書いている。彼は自分のファンを騙していると感じていて「フレディ・マーキュリーのような」素晴らしいエンターテイナーになることは決してできない、と。また、アメリカのインディー・ロック界の2大鉄人、ベックとソニック・ユースの両者は、影響力のあるアルバムとして『クイーンII』を選んだことがある）。

フレディは、ロックンロールのお荷物──恐れ、不安、自らの芸術のための苦痛──といったものを故意に無視していた。だから僕らは、単純に、そして軽蔑的に「広い大衆向けのエンターテインメント」だと彼を分類していた。（しかし

僕らが知っているとおり、チャップリンからミネリに至るまで、20世紀の偉大なエンターテイナーはみんな、天職に身も心も捧げつくしていた）。

これはほとんど僕らが——彼のお客、批評家が——フレディも同様だった、と確信できることのひとつだ。ほんのささいなことからも、それがわかる。彼はある種の文化的列聖の一員となることを望んだ最後のひとりだった、のかもしれない。マネージャーのジム・ビーチへの最後の指示は、「なんでも好きなこと、やっていいよ。ただし、決して僕を退屈させないでよね」だった。

そして僕らは、フレディがメディアによるこき下ろしや批評による攻撃によって傷ついていたことを知っている。最もひどかったのが、あの悪名高い70年代半ばの〈NME〉において、彼の記事に付けられた見出し「この男はマヌケか？」だろう。

「僕はすごい嫌われ者なのさ……」とフレディは告白したことがある。「だから僕は批判とともに生きていくことを学んだんだと思う。批判されても傷ついてないって言ったら、僕は嘘つきになる。ほかのみんながそう言っていたとしてもね」。

僕らもみんな知っている。彼は復讐を果たしたことを。究極の復讐だ。たとえば、自称趣味人たち、貴殿よりヒップなのよと気取る評論家ら、ポップ文化の俗物ども——簡単に言えば、これらの人々がフレディを無視すればするほど、彼はどんどん、より大きな存在になった。そして彼が大きくなればなるほど、無視することはどんどん不可能になっていったのだ。

比較的短いが、信じられないほど豊かだった人生と同様に、フレディ・マーキュリーをより大きな体系のなかに位置づけようと試みたとき、どこから手をつけたらいいのか、正確に知ることは難しい。ポップ文化用語で言えば、彼はポップのよりシリアスなアイコン——たとえばディラン、レノン、ヘンドリックス、プリンスのようには——影響力も、謎めいた奥行きもなかった。また、こうした人物たちと並べてフレディを批判するのは間違っているだろう。すでに僕が述べたとおり、彼は「そこ」からやって来たのではないからだ。

彼はディランやレノンのように、自分の言葉と音楽を通して世界を変えようとはしなかったし、ヘンドリックスやプリンスのように、ポップ音楽の流れを変えることすらしなかった。彼は素直にきらめきと眩惑を求め、僕らの注意を引いた。それがすべてだ。ほんのすこしのあいだ、彼はそうやって、そしてその後、次へと進んだ。

フレディのこうした意図は、使い捨てにされる運命だったとしても、もちろんそれはそれで、偉大なるポップの真髄だったと言える。そしてたぶん——陪審員による評決はまだ出ていないのだが——偉大なるロックの真髄、でもあったのかもしれない。

たとえフレディ・マーキュリーの野心が過剰だったとしても、「ボヘミアン・ラプソディ」は練習曲というわけじゃない。歌詞に代表される完全なる不条理にも決して動揺しない全体像がある。結局のところ、これは一体なんだったのか？——彼の作品には、細部へのこだわりがあった。しかし深さへのこだわりは、必ずしもあるわけではなかった。

「僕たちの歌に、隠されたメッセージはないよ……」と、フレディは主張した。一度ならず、幾度も。まるでその言葉が、彼自身の基本的なショービズ的感性への呪詛であるかのように。

少なくとも音楽的には、フレディは、純粋なる表層だった。しかし、なんという表層だったことか。なんとまばゆい、きらめく、万華鏡的な表層だったことか。なんというショーマン、なんというイリュージョニスト、なんというカメレオンだったことか。最後の最後まで。

マドンナ、あるいはエルトン・ジョン、さらにはマリア・カラスのように。フレディ・マーキュリーは、彼が成し遂げた仕事よりも、名前のほうが大きく世に知られる類のスターのひとりとなった。名声の圧倒的巨大さゆえに。あらゆるところで名を知られた、その遍在性ゆえに。

これによって彼は、セレブリティ専用の、人気のパンテオン神殿に入ることになった。なにをやったか、ではない名声。彼は曲を書き、録音し、そして数々の歌をステージ上で歌う——といったことで有名になったのだが、しかしここを通り過ぎたあと、さらに高次の有名人となる。すなわち単純に、彼が彼である、という理由だけでいいという立場——フレディ・マーキュリーという名のメガ・スター——になった。利己的かつ自己永続的になるという、名声につきものの本質をも、ある程度ともなった存在に。つまるところ彼は最終的に、たんに有名であり続けることで、有名になった。

近ごろの僕たちは、かつてないほどまでに有名人が大衆意識に侵入しては住み着く時代に生きている。そこでは、名声の細目や名声途上の人々のことまで、貪欲なメディアを通して詳しく伝えられる。この不安定な状態で、僕らはときどき想像力を行使する。

通過していく終わりなきパレードの列にいる、第2と第3

部類の偽スターたちの退屈そうな視線が、タブロイド紙やライフスタイル雑誌のページから際限なく放射される。これは僕らの減衰した関心の反映であって、セレブリティの価値と流通性を下落させていく。

この過程で僕らは、本物のスター、真のスターの輝きにほとんど慣れてしまう。しかし僕は請け負おう。フレディ・マーキュリーこそ、真のスターであったと。

ときどき、僕らは輝きが見えなくなる。とくに評論家なんかは、より一層、前面に出ているもの以上の意味を求めるようになる。でも、それはずっとそこにあった。僕らの顔をじっと見つめてくれていた。

〈ジ・エイジアン・アワード〉受賞

フレディ・マーキュリーはスターの本質、カリスマ性、存在感——なんとでも、呼びたいように呼べばいいが——これらを、まぎれもなく備えていた。

まず第一に、彼が愛する大衆とセレブリティとのあいだの契約について、フレディは直感的に理解していた。しかし古風であって、その適用法に関しては、ほとんどヴィンテージもののハリウッド調だった。たとえば彼は、ミック・ジャガーというよりもライザ・ミネリだった。ステージの下でも上でも。

彼はショービズで、ロックンロールだった。しかし最終的には、彼はロックンロールというよりは、かなりショービズ寄りだった。（僕はここで、オールド・スクールなショービズのことを言っている——ガーランド、アステア、ヴァレンチノまで含む〈注：ジュディ・ガーランド 1922-1969、フレッド・アステア 1899-1987。どちらもアメリカの俳優、歌手。ガーランドはライザ・ミネリの母親でもある。アステアは映画史に残るダンスの名手として知られる〉。冗談半分にフレディは、自分のことをよくこんなふうに言っていた——「僕って本当にロマンチックなんだ。ちょうどルドルフ・ヴァレンチノみたいにね」と）。

彼はオールド・スクールなプロ意識を持っていた。そして駆け出しのころから、ロックンロールが契約上要求してくるもの以上を把握できる、早熟なる能力があった。

「最近では、音楽と才能があれば十分ってわけじゃない。いい曲を書く以上のことを、できるようにしてなければならない。曲を聴き手まで届けなければ、パッケージしなければいけない……自分を奮い立たせ、ビジネス面も最初から取り回せるように、学んでいなければならない……外に出て、手に取って、利用して、自分のために働かせるんだ……き

みが広い大衆に与えてやらなければならない……これが、押し売りってやつさ」。

ハリウッドの最初の黄金時代に彼がいたならば。あるいは、ロックンロール時代の夜明けに。もしくはサイケデリックな60年代に彼がいたならば、才能を開花させることはあったのだろうか？……彼ならば、あのフレディ・マーキュリーが野心と機知とスタイルを持って仕事に取り組んだならば、きっと大きく成功していただろう、と僕は思う。

単純に、それが彼のやりかたなのだ。彼は「ビッグに」考え、行動し、生きた。彼はまた、謎とプライバシーの感覚をいかに維持すればいいのか、知っていた。ファンにどれだけ与え、自分自身と親密な仲間のために、どれぐらいを手近に残しておくべきか、知っていた。彼は根っからのパーティー主催者で、プレゼントを贈る人だった。真の友人や精選された腹心には、あらゆる機会を見つけては、しばしば度を越した贅沢な贈り物を、惜しみなく与える人でもあった。彼は人生を最大限に生きた。真のディーヴァがそうするように。

いまになってみれば、フレディ・マーキュリーをなにかの系統や伝統の一列に加えることも可能だ。しかしそれは僕らが考えたがるものよりもずっと、ポップやロックンロールの外側にある。たとえば、偽物オペラへの彼の傾倒——もちろん「ボヘミアン・ラプソディ」が典型だが、ただのロックンロール的束縛に対するいら立ちが反映された曲が、ほかに1ダース前後はある——これが、彼を形作った無数の力を知る手掛かりのひとつとなる。

同様に手掛かりとなるのが、のちになって開花した、本物のオペラとバレエへの愛だ。そもそもは耽美主義とエキゾチカのとりこだった彼の趣味を、これらが一変させた。より古風で、もっと華やかで、そして、いささか暴露的な言いかたになるのだが——ロックのパフォーマンスよりも、ずっと厳しい要求を満たさねばならないエンターテインメントへと、彼の心は引き寄せられていった。

おそらくきみは、あまり深く探究せずとも、フレディ・マーキュリーが書いた歌詞の一部や、それらをどう歌うかといった点から、ミュージック・ホールや古典的ヴァラエティ・ショーから直接つながっている痕跡を見出すことができるはずだ。ライヴとレコードの双方で、彼がとくにキャンプになっている瞬間に、これは顕著となる。

衣裳をまとってステージ上にいるときの、彼の無数のペル

ソナ。それらのほとんどで彼は、もったいぶって闊歩して、お
しゃれして、気取った態度でもって、ど派手なもののすべて
に関与する。彼はまた思い出す。サーカスやカーニヴァルと
いった、より古き夜々の魔法を。そしてもちろん、オペラを。
（巨大な目のモチーフで装飾された、ぴったりしたボディ・
スーツを憶えているだろうか？〈p112〉　まじりけなしの
サーカス・シュルレアリスムがあれだ）。

　まさに最初からずっと、彼はサテンやシフォン、黒いマニ
キュア、エキゾチックなもの、フレディ・マーキュリーっぽいも
ので、おめかししていた。

　ザンドラ・ローズの手による衣装の数々なんて、ああ、後
生だから！　と言いたくなる。僕が指摘したいのは、どんな
ロック・グループが――70年代初期のストーンズと、勘違い
されて過小評価されていたニューヨーク・ドールズを除け
ば――あそこまで故意に女性的に装うだろうか、ということ
だ。しかもキャリアの初期から。
（興味深いことに、フレディのイメージはのちにどんどん異
世界性が減退し、世俗性が増してくる。彼が自分のセクシュ
アリティを受け入れ、喜んで認めるようになればなるほど、
彼の衣装は、ゲイであることをカリカチュアした表現へと更
新されていくようになった。

　口ひげのマッチョマン、レザーを着たステレオタイプ、ド
ラァグ・クイーン、タイトな黒のホットパンツとフラッシュ・ゴー
ドンのTシャツを着たボディ・ナルシスト、などなどがそれに
あたる。

　しかし、そこにはいつも自虐的ユーモアがあった――レ
ザー・ステレオタイプの衣裳は、バレエ・シューズとバレエ用
ソックスにぴったりだった。これはまるで、自身の服装の突
飛さについて、ほかの誰かが口にするよりも先に、まず自ら
がからかわなければならない、と思い込んでいるみたいな
行為だった。フロイトだったら、この症例にどんな名前を付
けるだろうか？）。

　彼の没後に開催されたフレディ・マーキュリー写真展は、
ロンドンではロイヤル・アルバート・ホールが会場となった。
（このあと、ボンベイ、ケルン、モントルー、ティミショアラ、パ
リを含む多くの都市で巡回展が行われた――死してもツ
アー先は半減すらしなかったわけだ）。

　写真展の際に、ウォルデマー・ヤノスチャックはこう書い
ている。
「『千夜一夜物語』（注：『アラビアン・ナイト』の名でも知ら
れる、最初に古代ペルシャにて編まれた説話集。「アラジン

と魔法のランプ」「シンドバッドの冒険」などを含んで紹介さ
れることが多い）に属するレベルのファンタジーを移植した
のが、フレディの功績だ」と。

　自分ならではのスタイルでやる、単純な構造のエンター
テイナーにとってなら、そんな妙技に意味はない。しかしフ
レディは、まったくのところ、僕が思うに、呪文を唱える者で
あり、ペルソナとマスクと神話の創造者で、空想家なのだ。
「僕の歌の多くはファンタジーなんだ。本当に、ほんのちょっ
とした、おとぎ話にすぎないのさ。あらゆる種類の夢を見る
ことができるんだ。それが僕の生きている世界だから」。

　いまとなってみれば、ステージの上でもステージの下で
も、文字どおり、自分のファンタジーを意志の力で誰かに届
けようとした人物こそが彼だった――そしてたぶん、より重
要なのは、「それが実現した」ということなのだ。

　こうした目的を達成するため、彼の人生はスポットライト
とストロボのまばゆい光のなかにあったのだが、しかし誰
も、彼の魂を盗むことはできなかった。最後の数年間の出
来事が証明したように、彼の尊厳をそこなうこともなかっ
た。まさに最後まで、彼はショーマン、イリュージョニスト、そ
してカメレオンであり続けた。彼は最後のカーテン・コール
のときまで客受けを狙ったディーヴァであり、また同時に、死
に際しても自分のやりかたをつらぬいた、強烈な一個人で
もあったのだ。

　必ずしもすべてではないのだが、フレディの生前の達成
のいくつかは、彼がユニークなロック・シンガーであると同
時に、アジア系コミュニティにおける「勇気づけられるヒー
ロー」として投票のトップに立ったことにより、また新たな意
味を得た（注：2011年10月、フレディが〈ジ・エイジアン・ア
ワード〉を受賞したことを指す。イギリス発のこの賞は、南ま
たは東アジアにルーツを持ち、各界で活躍する人物に与え
られるもの）。

　彼が自ら採用したあの名のごとく、つかまえにくくて移り
気な「フレディ・マーキュリー」は、この世に一度きりしかあら
われない。そしてポップ界は彼を欠いたことによって、より魅
惑的ではなく、より荒唐無稽ではない場所になった。

　たしかなことがひとつある。僕らは、彼に似た人を再び見
ることはない。そして僕らは痛感するのだ。あの英雄的な彼
の彫像がスイスの湖畔だけでなく、チケット完売が相次ぐク
イーンのミュージカル〈ウィ・ウィル・ロック・ユー〉が上演され
ている劇場をも支配しているそのあいだずっと、まったくもっ
て、彼のことを忘れるなんて絶対に不可能なのだ、と。

Freddie Mercury

A LIFE IN PICTURES

写真のなかの人生

生後半年、人生最初期のフレディの写真。1946年9月5日、彼がファルーク・バルサラとして生まれた、アフリカ大陸東岸のザンジバル島にて撮影。地元の写真家の手によるもので、この1枚は賞を獲り、誇らしげに店のウィンドウに展示されることになった。フレディが初めて公の場に姿をあらわしたのは、おそらく、この写真だ。

写真のなかの人生 - 043

"It was an upheaval of an upbringing,
but one which seems to have worked for me."

「イギリス移住は、しつけの大変動をもたらした。でも僕にはうまく機能したみたい」

左：誇らしげな表情の母親ジャーが、ザンジバルのバルサラ家の庭にて、生後7カ月のファルークをお披露目しているところ。父親ボミがザンジバル高等裁判所で出納係として勤務していたころの、家族の幸せな時間だ。この写真のように、幼いファルークはいつも微笑んでいるみたいだった。赤ん坊のころのフレディは、カメラに向けてポーズをとるのが大好きだった、とジャーは回想する。

右：乳母のサビーナは、幼いフレディが4歳になるまでのあいだずっと世話をした。彼と一緒に一日を過ごし、夜は寝かしつけた。これは彼がザンジバルで育ったお陰で得た特権のひとつだった。父親ボミの地位ゆえ、家族は使用人を持つことに慣れていた。だから後年、フレディが家族みんなの説得に成功して、一家でイギリスに引っ越すことになったとき、母のジャーは、これからは使用人なしで、自分でいろいろやらなければならないことを彼に認識させねばならなかった。

044 - FREDDIE MERCURY The Great Pretender

左：フレディ、4歳の誕生日。ザンジバルにて。寺院の祝福を受けるため、誕生日や結婚式などの特別な機会に着用する、伝統的な祈りの帽子と誕生日のお祝いの花輪を身に着けている。

右：4歳の誕生日のお祝いのため、〈火の寺院〉（注：ゾロアスター教の礼拝所）に行く途中。母ジャーは、伝統的な人力車に乗る経験を息子にさせたかった。こうした場合でなければ、家族は地元のタクシーを使用した。

右ページ：フレディ、8歳か9歳のころ。妹のカシミラと。インド西部グジャラート州にある、祖父母のホームタウン、バルサードで休日を過ごしているところ。この地域のほかの多くの人と同じように、フレディの家族は、この町の名を姓として名乗った。ザンジバル高等裁判所での地位のおかげで、父ボミには6カ月の休暇を取る権利があった。彼が在職中のころのバルサラー家は、4年ごとにバルサードで長い休暇を取った。

写真のなかの人生 - 045

写真のなかの人生 - 047

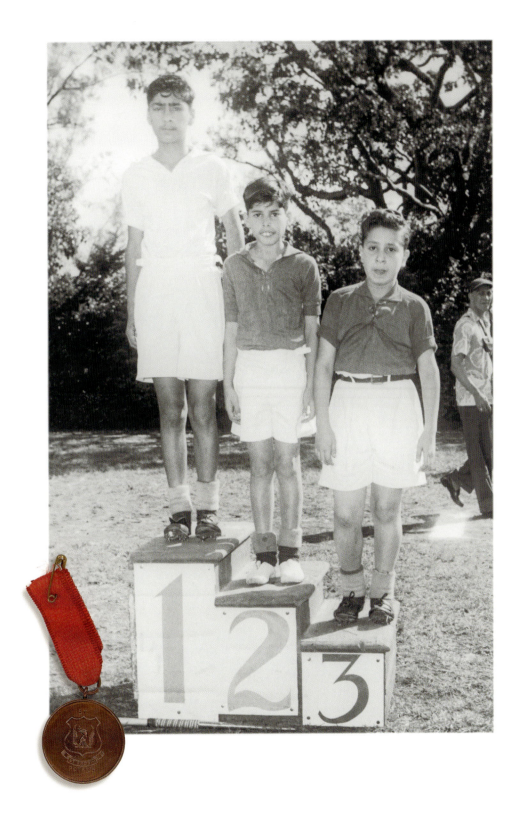

左：インドにある寄宿学校、セント・ピーターズ校に通うため、フレディは7歳でザンジバルを去る。同校は英国式の私立学校で、彼がフレディと自称し始めたのは、ここに在籍してからだった。彼は「最優秀賞」を受賞し、スター生徒となった。母ジャーは回想する。「彼はオールラウンダーで、勉強もスポーツもできました。興味を持ったものすべてを成功させたんですよ」

上：セント・ピーターズ校に在籍中のフレディは、スポーツで数々のメダルを獲得した。〈スポーツ・デー〉に高跳びで2位に入賞し、獲得したメダルがこれだ。またフレディはボクシングにも秀でていたのだが、母ジャーはやめさせようとした。「私は彼がボクシングをするのが嫌でした。とても荒っぽい競技なので」

注目して欲しいのが、メダルの図柄であるフェニックスだ。これはセント・ピーターズ校の校章なのだが、後年のフレディは、ここからインスパイアされてクイーンのクレスト（注：紋章のうち、兜に付けられるもの）をデザインしたようだ。クイーンのクレストは、占星術十二宮におけるメンバーそれぞれの星座の絵柄と、そして明らかにフレディの母校の校章から取られたとおぼしき、フェニックスの頭部と両翼によって構成されている。

写真のなかの人生 - 049

これぞオリジナルの「バイシクル・レース」。セント・ピーターズ校の生徒は全員、自転車を持っていた。フレディの母ジャーは、クイーンのあの人気曲は、学校時代の日々の思い出にインスパイアされてフレディが書いたものだ、と確信している。

上：演劇も、セント・ピーターズ校時代のフレディが興味を持っていたもののひとつだ。「芸術的なものならなんでも好んでいました」と母ジャーは言う。「そんななか、ある日演劇をやりたくなって、試したんですね。演劇のなにもかもが、彼にはいい機会だったんですよ、ポーズをとるための!」

右：あの見間違えようがない笑顔をもう一度。フレディは列の真ん中にいて、バンド、ザ・ヘクティクスと一緒に並んでいる。クイッフ（注：前髪を額の上に持ち上げた髪形のこと。おもに英国用法）姿とスラックスに、後年の彼のパフォーマンス時の特徴、あのとんでもないステージ衣裳につながる兆しが見てとれる。

写真のなかの人生 - 051

写真のなかの人生 - 053

セント・ピーターズ入学当初は、フレディは不安げでか弱い印象だったという。しかしこの写真でわかるとおり、彼が自信を取り戻すのに長い時間はかからなかった。これは1962年、学校のショーにおける彼の持ち時間の終わりごろに撮影されたもの。奇妙なことに、これ以降フレディはサングラス姿から遠ざかる。17年後の〈クレイジー〉ツアー（注：79年、シングル「愛という名の欲望〈原題：Crazy Little Thing Called Love〉」発表時におこなわれたショート・ツアーのこと）のときまで。

ほかの趣味に加えて、フレディはセント・ピーターズ校でピアノのレッスンも受けていた。そして実技試験と理論で、ピアノ演奏グレードの4級に達する。こうした経験が彼を、最初のバンド、ザ・ヘクティックスの結成へと向かわせる。キーボードを弾くフレディの写真に見られるように、このバンド名は、どうやら彼の自然で元気いっぱいな演奏にちなんで名付けられたようだ（注：Hectic とは、大忙し、大騒ぎ、といった意味）。

写真のなかの人生 - 055

1964年、イギリスからの独立を目指すザンジバル革命の混乱を避けるため、バルサラー家は島を出ることを決める。インドに帰るのではなく、イギリスに移住することを強く望んだのはフレディだった。イギリスに行ったら使用人がいなくなるし、一家は「一生懸命働く」ことを強いられることになると、ジャーは諭したのだが。最終的にはフレディの意見が通り、バルサラー家は英ミドルセックス州フェルサムへと移住することになる。この写真は、1968年、フレディの寝室で撮影したもの。彼は借りもののフェンダー・ストラトキャスターを手に、ジミ・ヘンドリックスばりのポーズをとっている。

056 - FREDDIE MERCURY The Great Pretender

上：1966年、フレディはアイルワース工業学校（注：現在のウェスト・テムズ・カレッジ。ロンドン西部のハウンズローに所在）にてアートのAレベル（注：イギリスで大学に進学する際に必要な一般教育修了を証明する認定を指す）を取得、グラフィック・イラストレーションを学ぶため、イーリング・アート・カレッジに進学した。大学の自由な雰囲気に、フレディはとても素早く順応した。規則だらけの、かつての寄宿学校とはまったく違っていた。セント・ピーターズ校時代のクイッフとスラックスは、ちょうどこの写真のように、もっとカジュアルなフレディに取って代わられた。これは1969年、彼が卒業する年に、友人宅の裏庭で撮られたスナップ・ショットだ。のちにフレディはよくこう言った。「もっとファッションを意識すること、つねに一歩先を行くことを、美術学校は教えてくれたんだ」と。

右：フレディとほぼ同じ時期にイーリング・アート・カレッジに通っていた学生のなかには、ピート・タウンゼントとロン・ウッドがいた。だから彼が音楽でのキャリア形成に興味をそそられていったのは、驚くことではない。最終学年のとき、フレディは彼にとって初めてのシリアスなバンド「アイベックス（Ibex）」に加入する。この写真はロンドンのウェスト・ケンジントンにて、ほかのメンバーとくつろいでいるところ。

058 - FREDDIE MERCURY The Great Pretender

上：1969年8月24日、ボルトンのクイーンズ・パークにて、フレディは所属するバンド、アイベックスとともに初めてのライヴ・パフォーマンスを披露する。そのときに撮影された写真がこれだ。またフレディはこの時期に苗字を変更し、マーキュリーとなる。ローマ神話における神々のメッセンジャーの名にちなんだ、というのが定説だったが、のちにフレディの家族によって訂正された。事実はフレディの占星術知識に基づいた命名だったからだ。彼の上昇星は水星、つまりマーキュリーだった。

右：1972年はクイーンにとって大躍進の一年だった。バンドはロンドン周辺で5回のライヴをおこない、ファースト・アルバムの制作が始まった。フレディの姿をとらえたこのライヴ・ショットは、その時期に撮影されたもの。のちにファースト・アルバム『戦慄の王女』(注：原題は「Queen」なので「女王」と訳するのが正しい。王女は Princess なので、この邦題は完全な誤訳)のジャケット写真に採用された。ブライアン・メイはこう説明している。
「あのアートワークはいい感じに仕上がったよね。フレディと僕は裏ジャケット用にダグ(ダグラス・バフェット)が撮った写真を使って、コラージュを作ってたんだ。でもそのときまだ、ジャケットの表に関しては問題があった。ある夜、僕は写真に目を通していたんだけど、突然気がついてね。スポットライトのなかのフレディが、どれだけ印象的なイメージを作れるかってことに。だから写真のなかの彼を切り刻んで(足を切ったよ！)、スポットライトのイメージに(すこし修正しながら)貼り付けたんだけど……カヴァーはこれしかないってひらめいたんだ。すごく意識的に考えたことを憶えている――『歌手としてのフレディは、僕らの船首像になるだろう。よーし、そんなふうに彼を起用するぞ！』ってね」

写真のなかの人生 - 059

060 - FREDDIE MERCURY The Great Pretender

"This is the man who performed 'I Want To Break Free' in drag …
the man who sang 'Bohemian Rhapsody' upside-down with the Royal Ballet …
the man who stole the show at Live Aid with the whole world watching."

「この男が、女装して『ブレイク・フリー（自由への旅立ち）』を歌ったのだ……
この男が、ロイヤル・バレエ団に抱え上げられ、逆さまになりながら「ボヘミアン・ラプソディ」を歌ったのだ……
世界中が観た〈ライヴ・エイド〉では、ショーに注がれた視線のすべてをかっさらっていった男、なのだ」

写真のなかの人生 - 061

左：クイーンがスタートしたのは1970年だが、しかし興味ぶかいことに、彼らが最初のフォト・セッションをおこなうまでには、そこから3年を待たねばならなかった。これはそのときのフレディをとらえた1枚。このあとに続くことになる、幾千ものセッションのためのウォーミング・アップとして歴史的意味を持つこの撮影は、ケンジントンのホランド・ロードにあるフレディのフラットにておこなわれた。

上：1973年4月9日、ロック用のライヴ会場として有名なクラブ〈ザ・マーキー〉にクイーンは戻ってきた。インペリアル・カレッジ・ロンドン（注：ブライアン・メイの母校でもある、公立の研究大学。国際的に知られた理工系の名門）と同様、同地のお気に入り会場であるここに、3度目にして、最後の帰還を果たしたのがこのときだった。すでにレコード会社のEMIと契約を交わしていたので、この日のライヴは業界へのお披露目としておこなわれた。3カ月後に発売されたファースト・アルバム『戦慄の王女』はトップ30に達し、クイーンはクラブではなく、大学やシティ・ホールで演奏する立場へと格上げされることになる。つまり、この写真のような場所で「ここ、フレディの楽屋だから」なんて状況は、終わることになる！

ブライアン・メイ：「すごく小規模なギグを僕らがこなしたあと、ジョン・アンソニー（『戦慄の王女』の共同プロデューサー、写真中央）が、ふらりと立ち寄ってくれた。彼は僕らの士気を高めてくれる人なんだ。すぐに僕らは契約が取れるに違いないし、そうしたら広く名が知られることになるぞ！ とかね——まあ本当は、実現までには長い時間がかかったんだけど。この薄汚い小さな『楽屋』は、保存しておくべきだったよね——だってこれって、実際はウォルドア・ストリートにあったころの、なつかしの〈ザ・マーキー〉のトイレに向かう廊下だったんだから——なんという歴史の一コマだろう……」
（ノート：ブライアンは、写真右の人物がメアリー・オースティンだと信じている）

写真のなかの人生 - 063

ブライアン・メイ：「フレディと僕が一緒に写ってる写真のなかで、お気に入りの1枚だ。同じものが、僕のスタジオの壁にも飾ってあるよ。なんとヴォーカル・モニター越し（！）に隙間から狙ったから、下のほうにぼやけた黒い影が入ってるよね。このころの僕らは、年月がもたらすものについて、ほとんどなにも知らなかった……」
フレディの腕には、ケンジントン・マーケットで買ったヘビがモチーフのアームバンドがある。ブライアンは、初期のザンドラ・ローズ衣装のモデルをしている！

「僕らは信じられないほど未熟だったんだけど、ほんの駆け出しのころから、自分たちの可能性に関して絶対的な自信があった──あの夜も、まったくもって華麗じゃなかったとは思う──でも、そのたったひとつのギグが、僕らに最初の契約を勝ち取らせたんだ──フェルドマン・ミュージックとのね（注：音楽出版会社、B・フェルドマン＆Co. との契約のこと。同社のスタッフが71年12月に観たクイーンのライヴに感激したところから、翌72年夏の契約につながっていったことを指す）。フレディは決して疑いを持ったことはなかった。この写真からも、彼のその確信が見てとれるだろう。初期のころからすでに、偉大なる神・フレディだったのさ！」

"Hope for the best and head for the top.
That's the only way to approach this business."

「最高を望み、頂点に向かっていくこと。
それがこのビジネスに取り組む唯一の方法なんだ」

「ときどきやってくる、インスピレーションのひらめきって
やつだった」。写真家のミック・ロックは語る。1974年初
頭、アルバム『クイーンII』のジャケット写真の撮影を彼が
手掛けたときのこと。ミックはフレディに、マレーネ・ディー
トリッヒ（注：1901-1992 ドイツ出身の大女優、歌手）
の写真を見せた。ハリウッドの写真家ジョン・コバール
が撮影した1枚だ。「このジャケット写真のフレディのポー
ズは、あのディートリッヒを真似たものだ。だから現場で
は、それってちょっとうぬぼれてるのかも、なんて雰囲気
はあったんだけど、フレディはお構いなしで『でも、ファ
ビュラスじゃない？』って。それが重要なことすべてだっ
たんだよね。当時は両性具有的なイメージの時代でも
あったから、フレディはそっちの方向へどんどん進んでい
くつもりだったんだろう」

066 - FREDDIE MERCURY The Great Pretender

写真のなかの人生 - 067

左:1974年、再びお気に入りの〈ビバ〉のジャケットを着て撮影されるフレディ。
「彼はいつでもこの服を着ていたな。ちょっとはお金が入ってきて、ザンドラ・ローズを発見するまではね。フレディのメイクアップをするときには、とても気をつけなきゃならなかった。彼は歯の過蓋咬合と、あごの見えかたをすごく気にしていたからね。なぜ歯の矯正をしないのかと彼に尋ねたことがある。でもフレディは、処置によって声が変わってしまうことを恐れているんだ、と言っていた」
ミック・ロック

上:「初期のころのクイーンのステージを見ていて、信じられないなって僕は思っていた。こんな小さな場所なのに、なんと大きく、自分たちの存在を投影できるんだろうってね。フレディは内気なはにかみ屋なんかじゃなくて、かなり表現力豊かだった。ボウイとイギー・ポップ以外に、そんな人物を僕は見たことなかった。この写真は、ザンドラ・ローズを発見する直前のフレディの姿さ!」
ミック・ロック

068 - FREDDIE MERCURY The Great Pretender

上:「写真を撮る理由なんか必要なかった。僕はカメラ狂で、フレディは素晴らしい被写体だった。僕らはつるんで出かける。フレディはこう言う。『明日、うちに来なよ。そして写真を撮ろうぜ』ってね。これはホランド・ロードのフレディの家の居間で撮った。彼が着ているキモノは古着屋で手に入れた。当時のフレディは、まったく金がなかった。だからマーケットや中古品店を歩き回るのが上手くなっていたんだ。この写真では、僕が使っていたメイクアップ・ガールのセリアが鏡を持って、ホランド・ロードから窓を抜けて差し込んでくる光を反射させて、ジグザグ模様を作り出し、それがフレディの目のあたりに当たってるんだ」1974年、ミック・ロックとの撮影

右:「クイーンとこのフォト・セッションをおこなったのは、1974年3月、彼らが初めてロンドンのレインボー・シアター(注:70年代に人気を呼んだ、ロンドンの中規模コンサート会場)で演奏したころだった。でもお客さんはみんな、クイーンって誰なんだよって感じで。ファースト・アルバムはまったく不発だったんだ。でも『クイーンⅡ』が出て、その8カ月後、イギリス・ツアーの終盤にレインボーに戻ったときは、すごかったよ。あのアルバムは、ほんとにすべてを変えた」ミック・ロック

写真のなかの人生 - 071

左:1974年9月4日、ロンドンのプリムローズ・ヒルにて撮影。

上:1974年11月、ロンドン、レインボー・シアターのバックステージにて。

072 - FREDDIE MERCURY The Great Pretender

下：ミック・ロックが撮ったフレディ。1974年、ホランド・ロードにあった自宅フラットのベッドに寝転がった彼は、同じケンジントンで通りを挟んだ向こう側にあった〈ビバ〉で購入した、当時お気に入りだったジャケットを着ている。
「メアリーはキッチンでお茶を煎れてくれて、フレディは幾度も休憩をとっては、ジョニ・ミッチェルを聴いたり、リチャード・ダッド（注：1817-1886 イギリスの画家。ヴィクトリア朝時代に活躍）の画集を眺めていた──『クイーンⅡ』に収録の曲「フェアリー・フェラーの神技」の歌詞のアイデアは、ダッドによる同名の絵画から得たんだ。僕らは両方とも少々イカれてて、かなりキャンプな状態になってた。それは写真を見ればわかると思う」

右：1975年4月、クイーンは8つの公演をおこなうため、初めて日本を訪れた。それはフレディにとって、永続的な恋愛関係の始まりだった──彼は日本のライフスタイルと文化に、完全に夢中になった。クイーンにとって、日本は最初に大きく開放された国際市場のひとつだった。バンドの歴史に残る出来事の舞台でもあった。最も熱心な支持者は「ミュージック・ライフ」誌だった。この初来日の段階で、同誌から彼らに年間ベスト・アルバム賞が贈られた。

写真のなかの人生 - 075

左:ブライアン・メイのプライベート・コレクションから、題して「神々の御業」——
「誰がこの写真を撮って、僕に贈ってくれたのか記憶にないんだ。忙しい時期だったからね！ これはフレディが最も『グラム』だったころのものだ」ブライアン・メイ
1974年頃、ステージ上のフレディ

フレディがクイーンについて抱いた野望、「女王にふさわしく壮大なものにしたい。僕らはグラマラスで、ダンディになりたいんだ」というのが結晶化し始めた時期がここだった。トップ10入りした2枚のアルバム『クイーンⅡ』（3月）と『シアー・ハート・アタック』（11月）を発表し、ほぼ半年のあいだツアーに出て、オーストラリア、アメリカ、イギリス（2回）を回った。同時に彼らは、最初の正式なツアーでヨーロッパ大陸に突撃した。急病になったブライアンがツアー中に倒れたため、不運にもイギリスの日程は短くカットされてしまったのだが、でもフレディは楽天的だった。「全日程をこなせてたらもちろんよかっただろうけど。さらにもっと、僕らの助けにはなったろうけど、でも『僕らはチャンスを失った』とか、そういうんじゃないから。お客さんはビューティフルだったし、みんな、できるだけ早いカムバックを僕らに望んでいるだけさ」

上:「僕が思うに、フレディがクイーンに持ち込んだもののひとつが、音楽と公衆のあいだにある『橋』について意識すること。つまり、当時まるで汚い言葉みたいに思われていた『ショーマンシップ』について考えることだった。彼にはとてつもない才能、底知しの創造的エネルギーがあった。だから、まわりから見てもらうのにふさわしい地点まで、僕ら全員を引っ張ってってくれたのがフレディだったんだ。『キラー・クイーン』の時代さ——ところで、この写真のフレディの胸毛は本物だから！ いつものごとく新聞各紙は完全に間違ってて、フレディが胸毛のかつらを着けたと思ったみたい。この混乱が生じた理由は、かつて、僕らの初期に撮られた写真で、フレディに胸毛がなかったことがあったせいなんだけど……でも、それって逆で。あのときは彼が胸毛を剃っていたんだ！だからこっちが現実なんだよね」ブライアン・メイ

上:「『クイーンⅡ』と『シアー・ハート・アタック』でやるべきことはたくさんあったんだけれど、実現できるための十分な空間がなかった。今回は、それがある。ギターまわりとヴォーカルに関して、僕らはこれまでしなかったことをした。アルバムを完成させるため、僕らはフラフラになるまで働く。喉がハゲワシの股みたいになるまで、僕は歌うよ」
『オペラ座の夜』レコーディング時に、フレディはそう話した。この写真は、1975年、リッジ・ファーム・スタジオでのセッション中にブライアン・メイによって撮影されたもの。「僕のお気に入りのフレディの写真、そのうちの1枚だ。リラックス・モードで〈ビバ〉のTシャツを着て、僕らが曲を書いたり録音したりしているあいだに、恐ろしい速さで、このアルバムをまとめ上げるための創作をしている」
ブライアン・メイ

右:キモノを着たフレディ。1975年の初め、クイーン初来日のときに撮影された。4月のこの訪問のあと、フレディはこんなふうに言っていた。「僕は日本が好きになった。ライフスタイル、アート――できることなら、明日にでも戻りたいぐらいだよ」

写真のなかの人生 - 079

左：フレディとクイーンにとって歴史的な年の暮れ。このフレディの写真がロンドンのハマースミス・オデオン（注：1932年に映画館として建設された建物が転用された大型コンサート・ホールで、数多くのロックスターが歴史を刻んだ名所。現在の名称はハマースミス・アポロ）で撮影された1975年12月1日のほんの2日前、「ボヘミアン・ラプソディ」が初めて全英チャートのトップに立ち、以降9週間にわたって連続で1位の座を保持することになる。そして約3週間後、今度はアルバム『オペラ座の夜』もチャート1位を奪取する。

この当時、フレディはバンドと彼自身を批評家から守っていた。「多くの人が『ボヘミアン・ラプソディ』をこき下ろしたけど、でも誰の作品と比べて言ってんの？ ひとつでいいからさ、オペラ的なシングルを作ったグループの名前を挙げてみろよ。僕らは『ボヘミアン・ラプソディ』が、まったくこのままでヒットするって、断固として確信していた。妥協しろって強要されてたんだけどね。でも、曲を切るなんて決してあり得なかったんだ！」

上：1975年冬、クイーンは自身最大規模の全英ツアーを、クリスマス・イヴに終えた。ロンドンのハマースミス・オデオンにおける、スペシャル・クリスマス・コンサートがそれだ。この公演は、BBC2のTV番組〈オールド・グレイ・ホイッスル・テスト〉の特別編として、BBCテレビとBBCラジオ1によってイギリス中で生放送された。これはクイーンによる全国向けのクリスマス特別放送なんだ、という見立てをフレディは大いに楽しんだ……。

写真のなかの人生 - 081

左:イギリスでのライヴ、〈オペラ座の夜〉ツアー、1975年冬。

上の写真と次の見開きの1枚:「ボヘミアン・ラプソディ」は、クイーンを取り巻くすべてを変えた。彼らは成長して突然変異し、「スタジアム・ロックのローラー・コースター」になった。イギリスの外で、フレディがおしゃれしてパフォーマンスする最大の舞台がアメリカだった。会場規模はどんどん大きくなって、フレディはまさに水を得た魚のようになる。

このあとどんどん本格化していく過剰への道のり、その起点となったのはここだった──「より大きく、よりよく」がモットーとなった。上の写真、クイーンとシン・リジィ（注:アイルランド出身のロック・バンド。70年代に大成功した）の北米ツアー時、マサチューセッツ州のスプリングフィールド・シビックセンターにて、1977年2月に撮影された。このショットに要約されているものを、フレディはこんなふうに言葉にした。「僕らは波の頂上に乗っかってるんだ」

082 - FREDDIE MERCURY The Great Pretender

写真のなかの人生 - 083

写真のなかの人生 - 085

左：「数年間、アメリカは僕らのものだった」とブライアン・メイは思い出す。1977年にはふたつの大規模なツアーが開催された。クイーンにとっては、年初からのシン・リジィとのツアー〈クイーン・リジィ〉ツアーと、年末に終了した〈世界に捧ぐ〉ツアーにサンドイッチされた1年だった。フレディにとって、これらは目まぐるしい日々だった。アメリカは、まさに豊穣の地だとの評判どおりの結果をクイーンにもたらした――そのため彼らは、この年、税金亡命者となった。
シンガーのアニー・レノックス（注：1954- イギリスの歌手、ソングライター。80年代に活躍したデュオ、ユーリズミックスのヴォーカルとして有名）は、この時期のフレディが、ロック史上の決定的な瞬間を象徴していたと考えている。
「私にとってのフレディという存在は、人々が人生を精一杯生きることを、まだそれほど恐れていなかった時代の象徴ね。それが70年代、ロックの馬鹿騒ぎがまだ荒れ狂っていた時代。一方でそんな風潮への輝かしき反逆があって、付随して自由もあって、そうしたものがみんな一緒になって、ロックンロール精神の全体像をあらわしていたのよ」

上：1977年1月――
「フレディは、最先端のポラロイド・インスタント・カメラをとても楽しんでいた。友だち全員のスナップ写真を撮っては、いつもの寛大さどおり、ほとんどの写真を彼の子守役の奴らにあげちゃってた！　この写真は、サウンドチェック時にステージ上でスナップを撮ろうとしているフレディの姿を、僕がスナップしたもの」ブライアン・メイ

上：ステレオのフレディ──
「僕はツアーに出ているときには、ほとんどいつもステレオ・カメラを持ち歩いていた。これには、オン・ステージ時と、それ以外のときの僕らの写真がたくさん記録されている。ステレオ写真は『魔法の目』ってテクニックで、裸眼で見ることもできる。ふたつの画像がひとつの形になるように目をリラックスさせるのがコツだけど、でも最良の方法はステレオ・ビューアを使用すること。すると結果はもちろん3Dで、とても迫真的なイメージになるんだ」ブライアン・メイ

右：フレディのファッション大変換は、1978年の北米ツアー中に始まった。スパンコールとボディ・スーツはレザーとPVC（ポリ塩化ビニール）に取って代わられ、フレディの髪の毛は数インチ短くなった。「1979年に僕が到着したときには」と、フレディのパーソナル・アシスタント兼服飾担当のピーター・フリーストーンは言う。「ザンドラ・ローズの手によるオリジナル衣装は、ワードローブ・トランクのなかに無頓着にねじ込まれ、しわくちゃに丸まってボールみたいになってた。僕が買い付けなければならなかった最初の服は、3組の赤いPVC製のパンツ、スケートボード用の膝パッドとレスリング・ブーツだったよ」

写真のなかの人生 - 087

写真のなかの人生 - 089

1978年の北米ツアー

090 - FREDDIE MERCURY The Great Pretender

上:「フレディの外見は、1979年の終わりにイギリスでおこなわれた〈クレイジー〉ツアーの途中で変わり始めた――でもまだ僕はそのとき、ギター・ソロのあいだに彼の髪をブロー・ドライしなきゃならなかったんだけどね。フレディは北米ツアー中に、これぞというスタイルを見つけていたんだ。口ひげは彼の歯を隠すためだった。ニューヨークにいる人は全員、Tシャツかタンクトップを着ていたから、フレディも同じようにしたんだ。革のショート・パンツは、もともとは長いパンツだった。フレディが切り取ったんだ」ピーター・フリーストーン

右:1980年の夏から秋にかけて、44公演がおこなわれたクイーンの北米ツアーは、ニューヨークのマディソン・スクエア・ガーデンでの3回のコンサートで日程を終えた。最終日は9月30日だった。この年の初頭、クイーンは「愛という名の欲望」で初めて全米シングル・チャートのトップに立ち、そして「地獄へ道づれ」で再びチャートの1位を獲得した4日後にアメリカから去った。フレディはいつもニューヨークに戻ることを喜んだ。だからしばらくのあいだ、ニューヨークは彼の第2の我が家であり、58番街にアパートメントを購入したほどだった。フレディは、ニューヨークでは「普通の人」のように振る舞うことができると感じていた。

"I'd like to be carried on stage by six nubile slaves!"
「僕はセクシーでぐっとくる6人の奴隷にかつがれて、ステージの上に運んでもらいたいな!」

092 - FREDDIE MERCURY The Great Pretender

上:「フレディは、彼とバンドがアルゼンチンで集めた注目をとても気に入っていた。とくに現地の警察官からのものをね——バンドはいつも車列に囲まれては、装甲車でギグに出入りしていた。そんな体験が、のちにフレディのお気に入りの話題となった。結局のところ、あれは歴史が形作られていく瞬間だったんだ」ピーター・フリーストーン

右:世界中のほぼすべての地域を征服したクイーンは、1981年、南米に進出してツアーをする最初のメジャーなロック・バンドとなった。スタジアム中心の大規模な日程を組んで演奏し、クイーンはアルゼンチン、ブラジル、ヴェネズエラおよびメキシコを開拓した。

ブラジルのサンパウロにあるモルンビー・スタジアムでの2夜の聴衆は、合計で25万人を超えた。「フレディがあの規模の観客を目撃したことは一度もなかった」とピーター・フリーストーンは回想する。「ショーのあと、フレディが現場を立ち去るまでに何時間もかかった」

"We are a very competitive group.
We are four good writers and there are no passengers."

「僕らはすごく競い合う集団なんだ。
クイーンの4人ともいい書き手だし、ただ乗りしてる奴はいない」

094 - FREDDIE MERCURY The Great Pretender

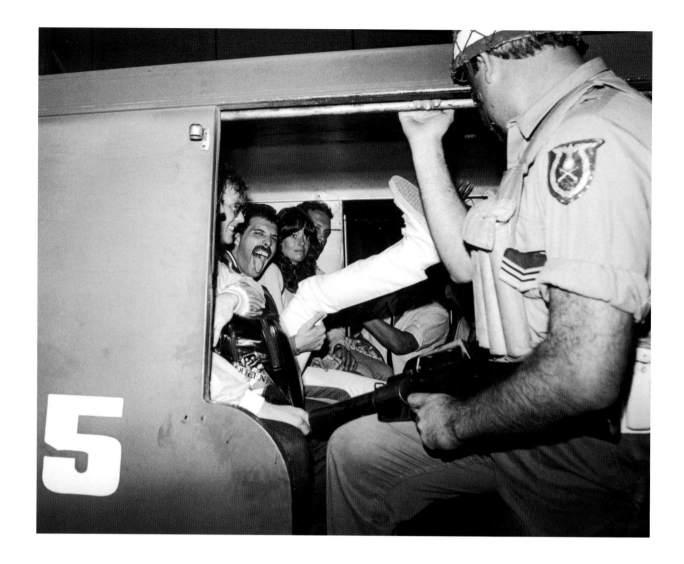

上：アルゼンチンに滞在中、ブエノスアイレスの軍警察によって強いられた重警備は、フレディにとって好都合だった。
「これはフレディがホテルの部屋に閉じ込められていなかったことを意味する。彼がこの街で一番好きだったのは、買い物に行けたことだった。我が家からあんなにも遠く離れていたのに、フレディは買い物のやりかたを知っていたんだ。あと、『パリを思い出させる』と彼に言わしめた建築物や庭園を眺めながら街なかをドライヴするのにも多くの時間を費やした。警察は一見怖そうだったんだけど、ほとんどの人はバンドに敬意を払ってくれた」ピーター・フリーストーン

右上：1981年の南米ツアー中のフレディとバンドが、ステージに上がる準備をしているところ。この経験について感じたところを、フレディはこうまとめた。「僕らが南アメリカに来たもともとの理由は、招待されたからさ。4人の健康的な若者に、素敵な音楽を演奏してもらいたかったんだね。いま僕はこの大陸全部を買い切っちゃって、自分自身を大統領に就任させたいぐらいだよ」

右下：南米ツアーのバックステージ、1981年。普通じゃない光景──フレディがギターをかき鳴らしている。「これはめずらしいよ。フレディはギターが好きじゃなかった。彼は4つのコードを弾けただけで、しかもそれが気に入らなかったんだ」ピーター・フリーストーン

096 - FREDDIE MERCURY The Great Pretender

クイーンの南米ツアーは、1981年10月中旬、メキシコでの3公演で終了となった。この旅は、各種の困難の連続だった——各国の国政の混乱、ヴェネズエラの元大統領（ホルヘ・ベタンクール）の死去などに遭遇した。そしてツアーに関わった多くの現地人の経験不足が、これらすべてをさらなるプレッシャーとして上積みした——しかしフレディとバンドは、ユーモアを忘れなかった——最後の夜、熱狂し過ぎた観客がステージ上に電池やがれき、金属製のボルトまで雨あられと投げ込んだにもかかわらず。これらのうちのひとつは、フレディのパーソナル・アシスタント、ピーター・フリーストーンによるアーカイヴ・コレクションに加えられて、いまも保管されている。

写真のなかの人生 - 097

フレディとロジャー、メキシコ公演のバックステージにて。
1981年

098 - FREDDIE MERCURY The Great Pretender

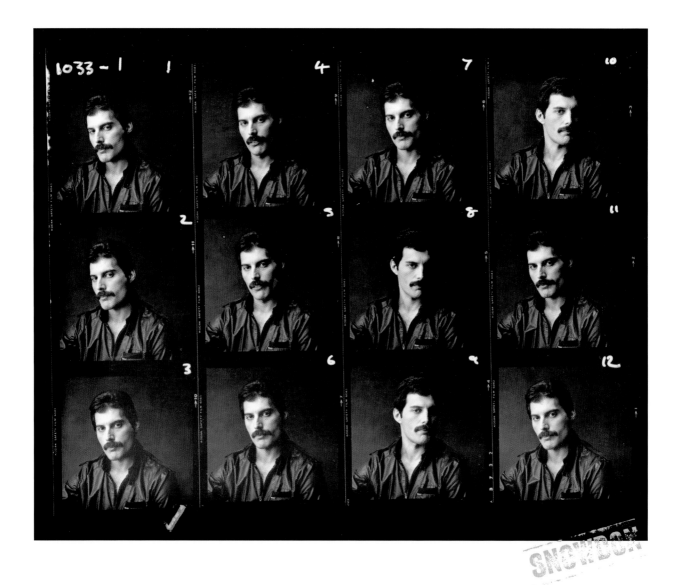

「フレディは旧知の人物や、特定分野の仕事で名声を得た人々と仕事をするのが大好きだった。だから1981年に『グレイテスト・ヒッツ』のジャケット写真を撮影してもらうために、スノードン卿（注：1930-2017 初代スノードン伯爵こと、アンソニー・アームストロング＝ジョーンズ。エリザベス女王の妹、マーガレット王女の元夫で写真家。このジャケット写真以外にも、フレディのポートレートを撮影した）の眼前に座るのは、彼にとってじつに魅力的なことだった。でもすこし緊張してたんじゃないかな。そのせいか、フレディが真面目な顔をしているよね」
ピーター・フリーストーン

写真のなかの人生 - 099

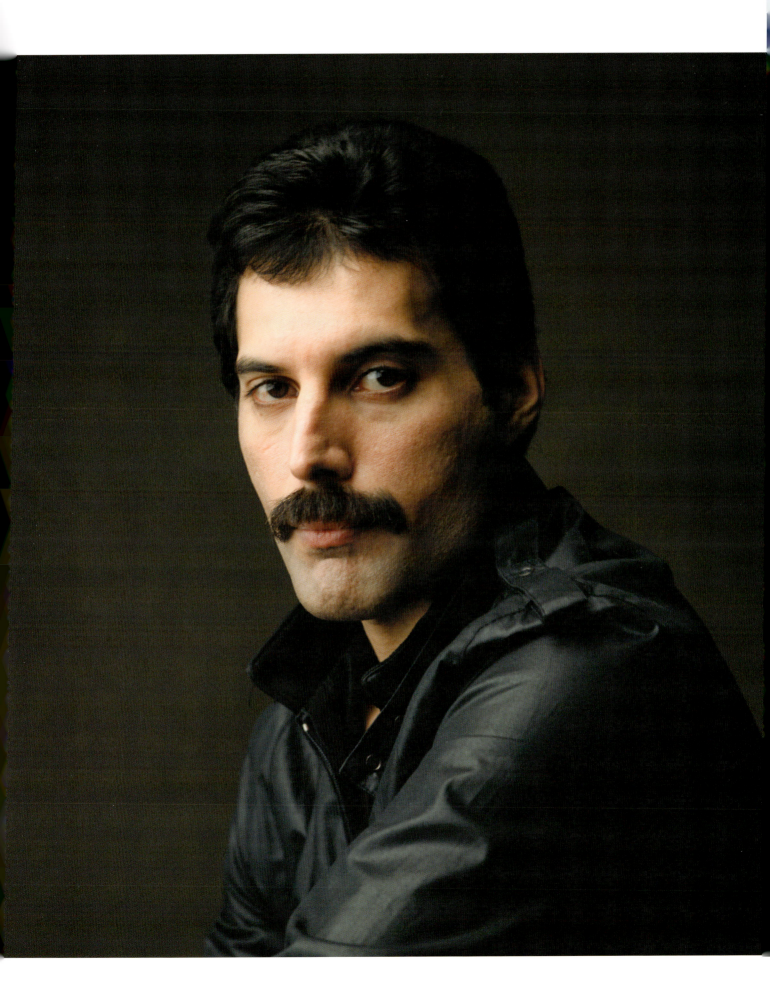

100 - FREDDIE MERCURY The Great Pretender

「レオタードは、1979年にお役御免になったんだ」とピーター・フリーストーンは言う。「随分長い時間、フレディは北米に滞在していた。そこでレザーの影響をすごく受けた。アメリカのあらゆるランドマークのホログラム写真つきのPVCを身に着け始めた。ついには制服も決めたんだ。レザー・ジャケット、Tシャツ、そしてバイカー・キャップだ」1982年、クイーンにとって最後の北米ツアーにて。「伝説のチャンピオン」をプレイするフレディ。

写真のなかの人生 - 101

あったものの、皮肉にもフレディのニュー・ルックは、彼の男らしさを強調するために採用された、と見なされることがあった。とくに、かつて彼が着用していた、キャットスーツやレオタードに疑念を抱いていたアメリカ中部地域の諸州では。

1980年代のファッションはゲイ・カルチャーにルーツがあったものの、皮肉にもフレディのニュー・ルックは、彼の男らしさを強調するために採用された、と見なされることがあった。とくに、かつて彼が着用していた、キャットスーツやレオタードに疑念を抱いていたアメリカ中部地域の諸州では。

フレディと両親、ジャーとボミ・バルサラ。1970年代半ば、フレディのケンジントンのフラットを両親が訪れた際に撮影されたもの。バルサラ家のほとんどの家族写真では、ボミがカメラの後ろにいて撮影していたので、ジャーとボミの双方とフレディが一緒に写っているこの1枚はとてもめずらしい。

スイス、モントルーのレマン湖畔にある〈ダック・ハウス〉は、フレディの人生後半において、彼を追うメディアからの逃避場所となっていた。同地のマウンテン・スタジオで、最終期の曲の数々をクイーンの一員としてレコーディングしているあいだ、〈ダック・ハウス〉はフレディの家となった。ここで彼は最後の曲「ウインターズ・テイル」を書いた。彼が毎日楽しんでいた、湖の水面の向こうに見える絶景、そしてこの隠れ家に与えられた平和の感覚に永遠の命を与えるかのような内容の詞となっていた。

「朝起きて、こんなふうに思うことがときどきある。
ああ神よ、僕が今日、フレディ・マーキュリーじゃなければよかったのに」

"There are times when I wake up in the morning and think,
My God, I wish I wasn't Freddie Mercury today."

「朝起きて、こんなふうに思うことがときどきある。
ああ神よ、僕が今日、フレディ・マーキュリーじゃなければよかったのに」

"I like leather. I rather fancy myself as a black panther."

「レザーが好きなんだ。僕自身が黒豹だったらって夢想するぐらい」

左:1982年4月に発表されたクイーンのシングル「ボディ・ランゲージ」がきっかけとなって、フレディは同年の〈ホット・スペース〉ツアーのために「アローズ」コスチュームの全コレクションを生み出した(注:シングル盤のスリーヴには、裸体に矢印の図案をペイントしたカップルの姿がフィーチャーされていた)。左ページ写真のジャケットには、何百ものサテン製で詰め物入りの矢印形アップリケが、ひとつひとつ手縫いでくっつけられていた。「フレディはこれをすごく気に入っていたんだけど、でもあまり実用的じゃなかった」とピーター・フリーストーンは言う。「すごく重いし、一度身に着けると、脱ぐのがとても大変だったんだ。素早い衣装替えが不可能な代物でね。だから結局のところフレディは、これを着なくなった」

上:「ボディ・ランゲージ」関連の別のアローズ・ジャケット。1982年の北米〈ホット・スペース〉ツアーで着用するために、フレディがロサンゼルスで作ったもの。彼は矢印の形にとても心奪われていて、色違いでジャケットを何着か作った。なかでも、この黒と赤のレザー製のやつが、とくにフレディのお気に入りだった。

106 - FREDDIE MERCURY The Great Pretender

日本はフレディのお気に入りの場所のひとつだった。ツアー先としてはもちろん、旅行先としても。とくに買い物旅の目的地としては、漆塗りの箱や、そのほかの日本の美術品への彼の情熱を満たすことができる場所だった。日本の文化芸術への興味と愛情は、生涯にわたりフレディのなかに残り続けた。彼はまた、同地で終生の友人も得た。そのなかのひとりが、日本において彼の音楽出版を手掛ける会社の代表をつとめる渡邊美佐だった。1982年、〈ホット・スペース〉ツアー中にフレディと一緒にいるところを、この写真で見ることができる。

写真のなかの人生 - 107

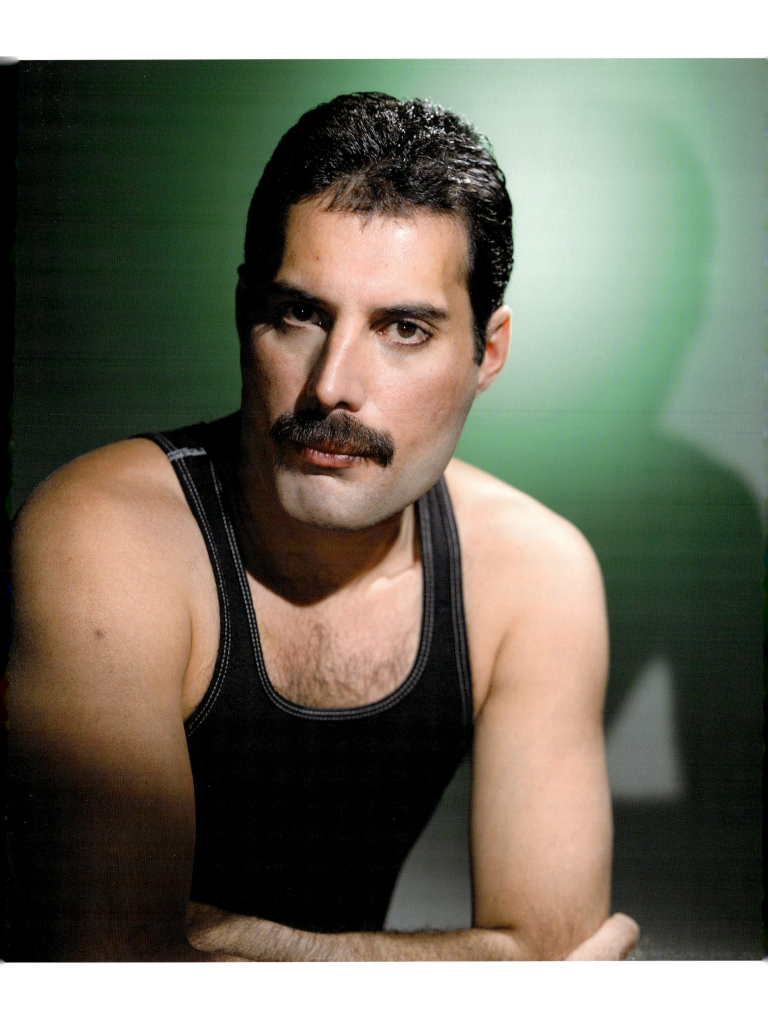

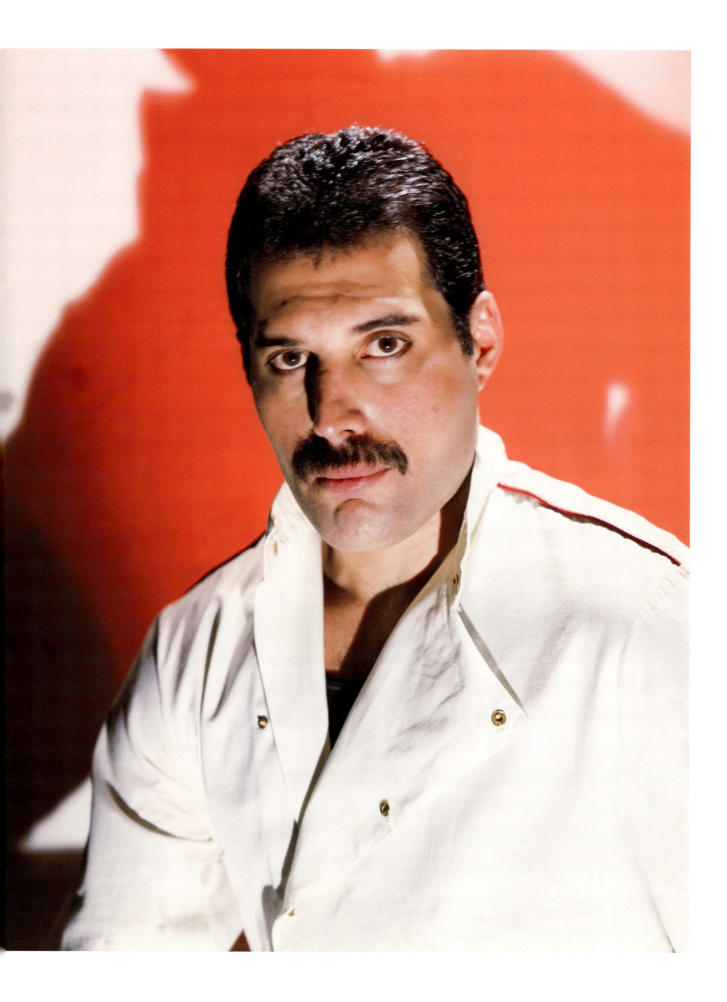

写真のなかの人生 - 109

前々ページと左：ハリウッドの写真家ジョージ・ハレルの仕事を、フレディは大いにあがめていた。彼のアイドルであるマレーネ・ディートリッヒも含む、最高峰の映画スターたちを撮った一連の作品を高く評価していたのだ。そんなハレルに、ロサンゼルスのスタジオでクイーンを撮影してもらう機会があった。1983年のアルバム『ザ・ワークス』のジャケット写真用のセッションだった。このときついにフレディは、伝説の人に自らの肖像を撮ってもらえることになる。
「その場を完全にコントロールしていないフレディを見たのは、あれが初めてだった。でも彼は喜んでいたよ。普段とはまったく違うフレディだった。家族みんなのポートレート撮影のために座っている子供みたいっていうか。彼は最高にお行儀よかったね」ピーター・フリーストーン

上：フレディの最も親しい友人のひとりがエルトン・ジョン、もしくは、フレディが愛情を込めて呼んだ異名「シャロン」だった（フレディの身近にいる、いわゆる「内輪」の一員だったら、それぞれみんな、フレディによって新しい称号を与えられる運命にあった。アシスタントのピーター・フリーストーンは「フィービー」。ローディのピーター・ヒンスが「ラッティ」。マネージャーのジム・ビーチが「シルヴィア・ラ・ブラージュ」。フレディが友人につけた異名の多くは、今もなお人々に記憶されている）。

ツアー・スケジュールがよく重なっていたため、フレディとエルトンが同じ場所にいることは滅多になかった。しかしごく稀に、一緒にステージに登場することもあった──1982年の後半、エルトンのイギリス・ツアー中、マンチェスターのアポロ・シアターのライヴにて、それは実現した。とはいえ、エルトンのステージ衣裳にくっついている、きらきらの模造宝石や金モール飾りによって目立たなくなることを懸念したフレディは、一計を案じる。狡猾にも彼は、事前にエルトンのミリタリー調衣裳を借りて着用し、ピアノ演奏で横に並んだのだった。

写真のなかの人生 - 111

もし「ブレイク・フリー(自由への旅立ち)」がクイーンの観客の一部を遠ざけたとするならば、1983年11月のわずか数カ月前に作成された「レディオ・ガ・ガ」のヴィデオは、ほかのなにものよりも、クイーンの観客に大きな影響を与えたと評すべきだ。フリッツ・ラング監督の『メトロポリス』(注:1927年公開。ワイマール時代のドイツにて製作された、無声時代のSF映画傑作にして幻の名作。美術と特撮が後世に大きな影響を与えた)のイメージを借用し、大いに参照しながら作り上げられた。集会につどった観客がハンド・クラッピングするシークエンスは、1985年の〈ライブ・エイド〉で実演されたものが頂点で、あれほどまでに劇的になることは普段なかったものの、それでも、クイーンのライヴ公演のトレードマーク的光景ともなった。この写真の赤いレザー・パンツと赤いクレープ包帯という出で立ちのフレディは、このすぐあとに続く、フーヴァー電気掃除機とヒールから遠く離れたマッチョな世界にいる。

写真のなかの人生 - 113

"In the end, all the mistakes and all the excuses are down to me, I can't pass the buck."

「結局のところ、すべての間違いとすべての弁明の責は僕に帰する。責任転嫁なんてできないよ」

左:ダイアナ・モズレーが、1984年の「永遠の誓い」のヴィデオのためにデザインしたこのコスチュームは、「エビの衣装」として知られるようになった。ピーター・フリーストーンによると「衣裳の色が調理されたエビみたいに見えた」だけでなく、「とくにあの髪形のせいで、彼自身を巨大なエビのように見せたからね。ロジャーもジョンも、あれはあまり気に入ってなかった。ヴィデオで彼らの嫌悪感を見てとることができるよ。お互いへの不満の声を発しながらステージ上を横切っているところでね。フレディだって、自分が馬鹿げて見えることは知っていた。でも気にしちゃいなかった。彼はすべてを完全に最高の状態にしたかったのさ」

上:クイーン「ブレイク・フリー(自由への旅立ち)」のヴィデオにおけるハイ・キャンプ要素とは、ストッキングとスカートを身に着けたフレディ、ロジャー、ブライアン、ジョンの姿だけではなかった。ほぼ同程度の、すさまじい憤慨を道徳的に厳格な人々のあいだに引き起こしたのは、ロイヤル・バレエ団のメンバーが登場するバレエ・セクションだった。フレディが再びタイツを着用してホーンを吹く様子は、アメリカのほとんどの州の人々を遠ざけてしまった、と言えた。クイーンはもう二度とアメリカ合衆国をツアーしなかった。

114 - FREDDIE MERCURY The Great Pretender

上：おそらくフレディが演じた最も不滅のヴィデオ・キャラクターは、「ブレイク・フリー（自由への旅立ち）」のヴィデオ用に女装した姿だろう。これは英TVドラマ『コロネーション・ストリート』の登場人物、愛すべきベット・リンチが下敷きとなっている（注：同番組は、初放送の1960年より今日まで1万近くのエピソードを重ねる、イギリスを代表する国民的ソープ・オペラのひとつ。パブで働くベットは、ちょっと派手ながら気っぷがいい苦労人として人気のキャラクターだった）。
伝説によるとフレディは、ソファに座ってハリウッドの古典的白黒映画名作の再放送を観るだけじゃなく、ときにこの国民的人気番組にもチャンネルを合わせていた。フーヴァー電気掃除機を用いた気が利いた仕掛けは別として、フレディのキャラクターで最も印象に残るのは、彼のショッキング・ピンクのイヤリングだろう。
「ベットはつねに、けばけばしく派手なイヤリングをしている。そこでフレディは僕を街に送り出したんだ。あらん限りけばけばしいやつを探させるためにね。あと、フレディのあのイヤリングは、彼の口紅の色とマッチしていることもわかるよね。いつも完璧主義者、それがフレディなのさ」ピーター・フリーストーン

右：2年近くツアーを休んでいたクイーンは、1984年に〈ザ・ワークス〉のツアーで復帰した。バンドがイギリスで演奏するのは2都市のみ、バーミンガムとロンドンだけで、それぞれの街で複数の公演が組まれた。すさまじく巨大なステージ・セットは、「レディオ・ガ・ガ」のヴィデオにインスピレーションを与えたフリッツ・ラング監督の名作映画『メトロポリス』が下敷きとなったもの。そのほかもろもろの熟考を要する事柄はさて置いて、このイギリス・ツアーでとにかく特記すべきは「ブレイク・フリー（自由への旅立ち）」のおっぱいとカツラを、フレディがステージ上で初めて着用したことだろう。ホームグラウンドでは、これが大受けに受けた。しかしのちに南米のステージでフレディが同じことをしたときには、ほとんど暴動が起きかねないほどの強い反発を受けてしまう。

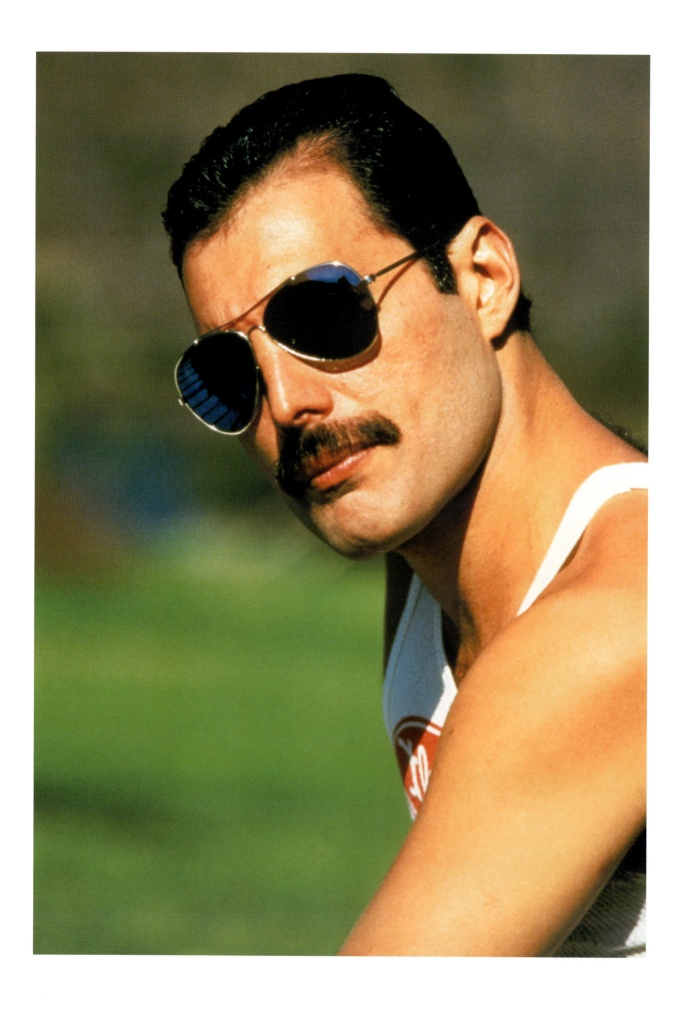

写真のなかの人生 - 117

左：「僕は愛に取り憑かれてる。ロマンチックなのさ……このアルバムの収録曲は、僕の人生を反映していると思う。いろんな気分の詰め合わせなんだ」と、1985年にリリースされた初のソロ・アルバム『Mr. バッド・ガイ』についてフレディは述べた。このポートレートは同作のジャケット写真用におこなわれた、適度に気分屋な撮影のなかから選ばれたもの。

上：フレディは滅多に雑誌に登場したがらなかったが、1984年6月号の〈ヴォーグ〉誌付録の冊子には姿を見せている。これはダイヤモンド・インフォメーション・センターのために作られたもので、男性用ダイヤモンドを宣伝する5人のセレブリティのうちのひとりとなった。フレディが選んだアイテムは、ロジャー・ドイルがデザインした、ダイヤモンドがひとつはめ込まれた一対の黒いアルミニウム・カフスボタン。そしてカルティエによる金とダイヤモンドの印章付き指輪だった。彼と同時にフィーチャーされた有名人は、歌手のロン・サットンとデヴィッド・エセックス、オペラ歌手のプラシド・ドミンゴ、コメディアンのビリー・コノリーらだった。この写真でフレディは、タンクトップの上にトム・ダビーがデザインしたダイヤモンドのスタッドを着けている。

118 - FREDDIE MERCURY　The Great Pretender

　南米を国際的な音楽アーティストに開放した立役者であるクイーンは、同大陸初のロック・フェスティバルである〈ロック・イン・リオ〉出演のために、意気揚々とかの地に舞い戻った。10日間にわたって開催され、十数組の一流のバンドやアーティストが参加したフェスの幕開けとクライマックスに、都合2回、クイーンは登場した。彼ら最後の夜は観客の総数が30万人に膨れ上がり、世界記録を更新した。激しい雨が降っていたため、電気機器を使用することにはリスクもあったのだが、それがフレディやバンドの勢いを止めることはなかった。とくに明け方の午前4時、ブラジル国旗をひるがえしながらフレディがステージに登場した瞬間、大群衆のあいだに、ほとんど集団ヒステリーのような興奮状態を引き起こした。

写真のなかの人生 - 119

1984年から86年にかけて、ミュンヘン市やバイエルン地方のもろもろとフレディのあいだで延々続いた恋愛関係のありようは、彼の服装からも見てとれるようになった。1985年にミュージックランド・スタジオで撮影されたこの写真のフレディは、バイエルンの伝統的サスペンダーを身に着けている。
「彼はバイエルンのライフスタイルにすごく入れ込んでいた」とジャーナリストのデヴィッド・ウィッグは語る。この写真が撮影されたとき、彼はフレディにインタヴューするため、ミュンヘンに滞在していた。
「唯一彼がやらなかったのは、僕に『サウンド・オブ・ミュージック』（注：1965年公開の同名映画、および原作となったミュージカル劇のテーマ・ソング。第二次大戦下、ナチス・ドイツから逃れてスイスに亡命するオーストリア人一家が描かれる。映画で主演したジュリー・アンドリュースの歌唱が有名）を歌うことだった！　フレディはあの地のナイトライフ、クラブとレストランがお気に入りで、それゆえにミュンヘンを好んでいた。彼にとって、すごく活力を与えてくれる都市だって気づいたのさ。フレディは自分のアパートで開催するディナー・パーティーのために、飛行機を手配して、友人にここまで来させるのが大好きだった。当時の彼の大きな喜びのひとつは、レコーディング中だったソロ・アルバムの曲を書くこと。僕らは何時間もスタジオにいて、フレディはピアノを弾き、アルバム用に書いた曲を僕に聞かせてくれた。彼はとても盛り上がっていて、すごくハッピーだった——テイクの合間ごとに飲む、たくさんのウォッカに助けられながらね！」

120 - FREDDIE MERCURY　The Great Pretender

80年代半ばには、フレディはニューヨークへの愛を失っていた。彼の新しい興味の対象はミュンヘンだった。フレディがこの街について知るようになったのは、1983年から84年にかけて、クイーンがミュージックランド・スタジオでアルバム『ザ・ワークス』をレコーディングしたとき。それはフレディの人生における新しい章の始まりだった。クイーンのほかのメンバーが短い充電休暇を取っているあいだに、フレディは新しい友達の輪を作り、最初のソロ・アルバム『Mr. バッド・ガイ』の作業を始める。結局のところミュンヘンは、フレディのソロ・ナンバー「リヴィング・オン・マイ・オウン」をも含む、クイーンとフレディの双方にとってヒット曲の培養地であることが証明された。

写真のなかの人生 - 123

"There's a voice inside me saying, 'Slow down Freddie, you're going to burn yourself out'. But I just can't stop."

「僕の内なる声が言うんだ。『スローダウンしなさい、フレディ。あなたは自分自身を燃やしつくそうとしてるよ』って。でもね、単純に僕はこれを、止められないんだよ」

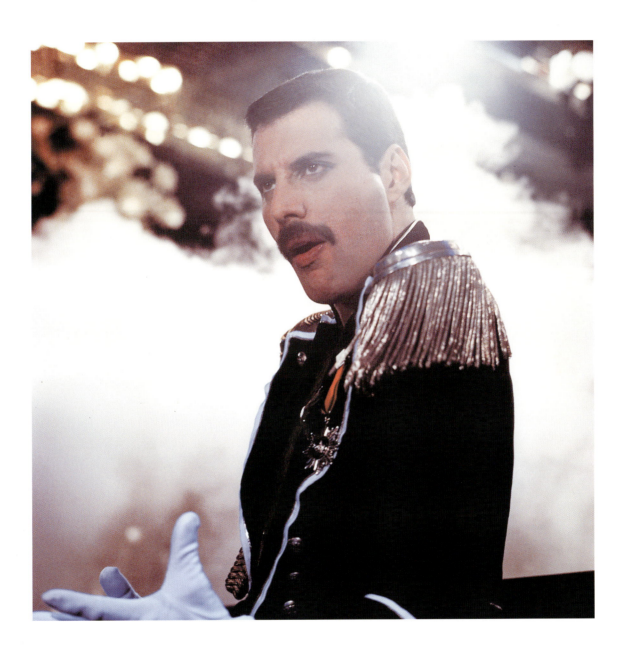

左：1985年9月、ドイツはミュンヘンのヘンダーソンズ夫人宅で開かれたフレディの39回目の誕生パーティーは伝説的なものとなった。フレディは最も親しい友人たちを招待し、異性の服の着用を義務づけた。その様子を撮影して、ソロ・シングル「リヴィング・オン・マイ・オウン」のヴィデオに登場させた。しかしレコード会社はフレディのアイデアに抗って、これをお蔵入りにした。だからこのヴィデオのフル・ヴァージョンは、1993年に同曲が再リリースされるまで日の目を見なかった。写真は、その夜の控え目なショットのひとつ。フレディと正体不明のゲストが写っている。

上：39回目の誕生日パーティーのためにめかし込んだフレディ。

124 - FREDDIE MERCURY The Great Pretender

2枚目のソロ・シングル「ボーン・トゥ・ラヴ・ユー」のヴィデオのために、フレディは監督のデヴィッド・マレットと再び組んで、制作に取りかかった。フレディにとってマレットは慣れ親しんだ存在であり、いつも彼のハイ・キャンプ趣味を楽しんでくれる人でもあった。ヴィデオはとてもシンプルに始まる——魅力的な若い女優に求愛する、とい

う筋書きをフレディが演じる——しかしそれはすぐに大混乱となって、ハイヒールとピンクのプラスチック製のコルセットを着けたアマゾン風のダンサーたち1000人がスタジオのフロアに解き放たれる。「『夜を楽しく』と『ワルキューレの騎行』の出会いって感じ」と当時の制作助手は評した（注：『夜を楽しく』は1959年公開のアメリカ映

画。ロック・ハドソンとドリス・デイが初共演したロマコメ。「ワルキューレの騎行」は、19世紀ドイツの作曲家ワーグナーが楽劇大作『ニーベルングの指環』の第一夜『ワルキューレ』用に書いた曲。映画『地獄の黙示録』での印象的な使用など、ワーグナーの作品中最も広く知られている）。

写真のなかの人生 - 127

「まったくもって、いいタイミングだった。フレディは明らかに退屈していたからね」ピーター・フリーストーン

「フレディは最初、本当にやりたがってなかった……でも、ゲルドフは毎日僕らに電話をかけてきたんだ。『やろうぜ、きっと最高の出来事になるに違いないんだから』って……ボブ(・ゲルドフ)はとても説得力があってね。彼は僕を打ち負かし、ロジャーも打ち負かした――で、僕らふたりでフレディを打ち負かした。『ああ、なんでもいいよ。オーケー』って、ついにあるときフレディは言った。それで僕らはやることになって、あの場所全体が噴火したんだ。僕らは驚きのあまり言葉を失い、ちょっと謙虚な気持ちにもなった。あの体験が僕らを刺激したんだ。だからみんなでスタジオに戻ったし、それまでなかったやりかたで自分たちを信じられるようになったんだと思う」ブライアン・メイ

「あれはフレディにとって完璧な舞台だった。つまり、世界だ」ボブ・ゲルドフ

128 - FREDDIE MERCURY The Great Pretender

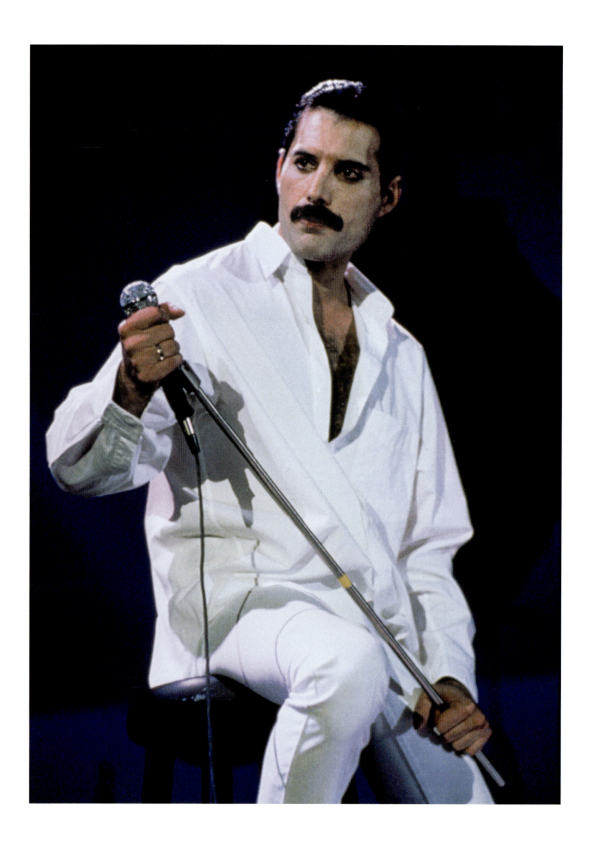

上：多くの人は、クイーンが〈ライヴ・エイド〉に一度ではなく二度現れたことを忘れている。午後の早い時間には、ショーのおいしいところを全部かっさらっていった怒濤の20分間、ヒット曲の連発があった。そのあとフレディは、ショーの終幕直前にブライアン・メイとともにステージに戻って、「悲しい世界」のアコースティック・ヴァージョンを披露した。
「この曲は〈ライヴ・エイド〉プロジェクトのずっと前に作ったんだ」とフレディは言った。「でも、誰もがこの機会にふさわしい曲だと判断したんだ。世界中の子供たちのあいだで起きている、無用の苦痛や飢餓についての歌だからね」。フレディはこう認めていた。「飢えに苦しんでいる、何百万人のアフリカの人々についてのTV番組を、僕は観ることができないんだ。スイッチを切らなくてはならないので、とても困る。ときどき僕は無力感を覚えるんだけど、これは僕が為すべきことができる、そのひとつなんだ」

130 - FREDDIE MERCURY　The Great Pretender

前ページおよび、上、右：バレエやオペラに魅せられたフレディがコヴェント・ガーデンを定期的に訪れた結果、クイーンが80年代半ばに撮影したいくつかのヴィデオには、その影響があらわれることになった。とくに「ブレイク・フリー（自由への旅立ち）」と「永遠の誓い」に明らかだ。しかしこれらとて、1985年6月にリリースされたフレディの3枚目のソロ・シングル「メイド・イン・ヘヴン」のヴィデオほど、顕著なものではなかった。この写真にあるとおり、たんなるロンドンの倉庫が、ロイヤル・オペラ・ハウス、プロセニアム・ステージのレプリカへとすっかり変身させられている。フレディが参照したのはふたつのバレエ、ストラヴィンスキーの『春の祭典』とダンテ『神曲』の「地獄篇」だった。またしてもヴィデオの先駆者デヴィッド・マレットの手によって、フレディと膨大な数のキャストは、古典となるべき並外れた傑作を生み出した。キャストの面々は「世界の王」を演じたフレディとともに最高潮に達した。もっともそのあいだずっと地上約60フィートの高さに身を置いていたフレディは、悪性めまいの症状に苦しめられていたのだが。

デヴィッド・マレットは回想する。「僕はそこに上らなかったし、スタッフの半分も同様だったんじゃないかな。フレディにあれをやり遂げさせるためには、最終的にはワイヤーで彼を引っ張り上げなきゃならなかった。でもそもそもは、フレディのアイデアだったんだからね！」

フレディは、前年の〈ライヴ・エイド〉時に支配した場に戻ってきた——ロンドンのウェンブリー・スタジアムに——1986年7月中旬、同地でクイーンは二夜の公演をおこなった。これらのライヴは、彼らのマジック・ツアーのイギリス編が間もなく終わろうとしていることを意味した（もっとも、ツアーの最終的な締めくくりの場として、のちにネブワースが急遽付け加えられたのだが）。フレディにとって、ウェンブリーのライヴは大きな祝賀会のようなものだった。彼は〈ライヴ・エイド〉の大勝利の舞台に戻ることを楽しみにしていたからだ。フレディの友人たちはニューヨークから飛行機でやって来た。彼が特別に用意した大型車両が、フレディの誇る新居〈ガーデン・ロッジ〉からウェンブリーまで、ゲストたちを運んだ。その模様を、パーソナル・アシスタントのピーター・フリーストーンはこう語る。「ひとつのとても長いパーティーの始まりだった。あの日はきっと、フレディの人生のなかで、最も幸せな日のひとつだったに違いない」

下：1986年、クイーンが映画『ハイランダー 悪魔の戦士』のために書いた曲「プリンシス・オブ・ザ・ユニヴァース」のヴィデオを撮影することになったとき、その規模はまさに映画並みになっていた。クライマックス・シーンのひとつを撮るため、バンドはロンドンのエルストリー撮影所で最大の防音スタジオを押さえ、映画の主演スターであるクリストファー・ランバートを雇い、フレディと戦わせた。同作のなかにあった、建物屋上での死の決闘シーンの再現を試みた。

「フレディとクリストファーはうまくやってのけた」とピーター・ヒンスは回想する。「でもフレディはとくに感銘を受けてはいないようだった。彼にとっては、よくあるヴィデオ撮影の一日、とても長い一日で、そして滅茶苦茶に寒い日だった……僕が憶えているのは、フレディがおもに寒さについてこぼしていたこと。彼はいつだって、寒いのが大嫌いだった」

次の見開き：「マジック・ツアーが最後のライヴになるなんて、誰も予想していなかった。いろんなことがとてもうまくいってたから、僕らはすでに次のライヴをひとつ計画し始めてたぐらいだったんだ」と、クイーンのツアー・マネージャー、ジェリー・スティッケルズは言う。「〈ライヴ・エイド〉は、聴衆の反応とバンドの姿勢との両面で、クイーンを完全に再生した。2回目のウェンブリー・ショーのあと、なにも終わる気配がなかったので、バンドはケンジントン・ルーフ・ガーデンズのパーティーに出かけたんだ。ムードはとても盛り上がっていたよ」（このパーティーも歴史に残った。裸でボディ・ペインティングを施されたエレヴェーター係が話題となった）。

1986年7月27日、クイーンは鉄のカーテンの向こう側で史上初となる野外ロック・コンサートで演奏し、新生面を切り開いた。ハンガリー人民共和国はブダペストのネプスタディオン（注：人民競技場という意味）にて、満員札止めの8万人を動員したのだ。このイベントのチケット申し込み数は25万人を超えていた。

その1カ月後、クイーンは最後のコンサートをおこなうことになった。ツアーのプレッシャーによるフレディの疲労があらわれ始めていた。記録破りのスタジアム・コンサートのあと、彼はジャーナリストのデヴィッド・ウィッグにこう語った。「生き残るには、意志の強い人物じゃなきゃいけない。つねに一歩先を行く必要がある。とても抜け目がなく、とても強くなければならない。つらの皮が厚いビッチじゃなきゃいけない――で、僕たちの多くは、そうなることができないんだ」

写真のなかの人生 - 137

1986年7月5日、イギリスでの最後のライヴ・ツアーに向かう前日の夜。アイルランドはダブリンの〈スレイン・キャッスル〉のバックステージにて、この写真は撮影された。このあとクイーンは、ニューカッスル、ロンドン、マンチェスターで演奏し、8月9日にネブワース・パークで最後のパフォーマンスをおこなった。すでにフレディから信頼される内輪の仲間となっていた写真家のリチャード・ヤングは、この日の彼はとくに陽気だった、と回想する。「フレディはトレーラーの外に座っていた。彼はちょっといたずらっぽい感じだったんだ。だから僕は、こう聞いてみたんだ。『フレディ、きみの王冠はどこなの?』って。彼は自分のトレーラーに飛び込んで王冠を取ってくると、頭の上にポンと落としたんだ。あの写真の笑顔は、彼のその日の調子をよくあらわしていると思う」

138 - FREDDIE MERCURY The Great Pretender

上：「リヴ・フォーエヴァー」ヴィデオ、1986年9月。
「たしかに僕は、70歳まで生きたいっていう願望はないな……退屈そうだから」フレディ

右：最後の会釈。ステージ上での、フレディ最後のパフォーマンスの模様。1986年8月9日、ネブワースにて。マジック・ツアーの最終日だった。

「もうこれ以上、42歳の男がレオタード姿で走り回っているべきじゃないと僕は思う。ふさわしくないよね」
しかし本当の理由はもっとほかにあった。すでにフレディは気づいていたからだ。こうした厳しいツアー・スケジュールから要求される体力を、自らが失いつつあるということを。

"I'm not going to be one of those old hams
that keeps going on and on.
I'd rather leave it at the top."

「ずっとやり続ける、へぼな大根役者のひとりになるつもりはない。
トップの座にいるあいだに、去るほうがいいね」

ステージ上でのフレディの、本当に最後の瞬間。コンサートの終わりに、フレディが手に持った王冠を高く掲げるこのシーンを撮るために、写真家のリチャード・グレイは、ディレイ・スピーカーのタワー上で10時間ものあいだ粘る羽目になった。

「僕らがやってきたなかで最大規模だったマジック・ツアーの終わりに、フレディが言ったんだ。『こういうのはもうやりたくない』って。これはちょっと、彼らしくなかった。だって彼はいつも、すべてのことに立ち向かっていて、とても強く、とても楽観的だったから。だから彼が『やりたくない』なんて言うなんて、これまでとは違ったんだ。僕らは考えたよ。これは彼が通過しようとしている、あるひとつの段階なのか。もしくは、なにか問題があるのか。頭の中に『まさか』って考えがよぎったこともある。でもそれは押しのけた」ブライアン・メイ

1986年の終わり、フレディはクイーン・ファンクラブに宛てたクリスマス・レターのなかで次のように書いている。「このあいだのツアーはとても楽しかったし、大成功を収めたけれども、僕は自らを奮い立たせなきゃならなかったんだ。やってよかったといまは思っているけどね。バンドは現在、1987年初めにヴィデオでリリースされる予定の、ブダペスト・ライヴ・ショーに取り組んでいるところ。僕もまたソロ・プロジェクトに取りかかっていて——これってすごく秘密っぽいもので、なにについてのものになるのか、僕にすらわからない……みんな元気でね。いっぱいの愛を込めて……」

142 - FREDDIE MERCURY The Great Pretender

上：前回のフレディの誕生日パーティーとはほとんど似ていないものが、彼のロンドンの自宅〈ガーデン・ロッジ〉で開催された。前回、ミュンヘンのヘンダーソン夫人宅でおこなわれた「色は黒と白のみ、異性服の着用が義務づけられた舞踏会」とは異なり、彼の40歳のパーティーのテーマは、向こう見ずにも「ロイヤル・ガーデン・パーティー（王室園遊会）」だった。1986年9月に撮影されたこの写真では、ピーター・フリーストーン、ジム・ハットン、ジョー・ファネリ、ジムとクラウディア・ビーチ夫妻、メアリー・オースティン、ピーター・ストレイカーといったゲストたちが、この日かぶっていた帽子を披露している。しばしば論評を求められたフレディはこう言った。

「すっごく魅惑的だよ、マイ・ディアーズ」

下：1986年のマジック・ツアー時、東京でのショッピング遠征中にちょっとひと休み。こうした日本での買い物旅行で、フレディは1回につき100万ポンドを使うとメディアは報じた。

「セックスするのはやめて、チューリップを栽培し始めたんだ」

"I've stopped having sex and started growing tulips."
「セックスするのはやめて、チューリップを栽培し始めたんだ」

"I'd like to be buried with all my treasures, just like the Pharaohs. If I could afford it, I'd have a pyramid built in Kensington."

「歴代のファラオたちと同じように、僕もすべての財宝とともに葬られたいな。
経済的な余裕があれば、僕はケンジントンにピラミッドを建てるだろう」

1987年の「グレート・プリテンダー」のヴィデオで、等身大のボール紙の切り抜きとして使われたのがこの写真だ。写真家のピーター・ヒンスは、ことの起こりを憶えている。ある夜、彼はフレディから電話を受けた。プライヴェートな写真を撮りたいので、いまそっちに向かっているところだとフレディは言った。彼は友人のジョー・ファネリ、彼の運転手、そしてこのケープと王冠とともにあらわれると、宣言した。
「楽しみが欲しいんだ、ディア。僕はそろそろ、これをやってもいい時期だと思うんだ。老いた女王様を演じるってことをね」
この画像は「グレート・プリテンダー」のヴィデオに使われただけでなく、のちにフレディ・マーキュリー写真展のポスターにも使用された。

146 - FREDDIE MERCURY The Great Pretender

上:「スヌーカー・アウトフィット」として知られるようになった衣装に身を包んだフレディ。1986年にピーター・ヒンスによって撮影された。
「フレディはこのころには、タキシードと蝶ネクタイに夢中になっていた。彼はそれが年をとって落ち着くことと関係があると言ったけれど、でも僕らはこれを『バルセロナ効果』と呼んでいた。仕事の影響だね」。これはフレディの個人的なお気に入りのポートレイトで、のちに『ザ・フレディ・マーキュリー・アルバム』のカヴァーに使用された。

右:「なんで『ザ・グレート・プリテンダー』なのかって？だって僕こそがグレート・プリテンダー、偉大なる見せかけ屋だからさ！」
ザ・プラターズの1956年のヒットで有名な「ザ・グレート・プリテンダー」、フレディのカヴァー・ヴァージョンは、英国でトップ5に入るソロ・ヒットになると同時に、クイーンの全キャリアのヴィデオのなかで表現されてきた、お気に入りのキャラクターのいくつかを再訪する機会を彼に与えた。さてところで、フレディは1987年のヴィデオ撮影時に撮られたこの写真で、いったい誰のふりをしていると思いますか？

写真のなかの人生 - 147

"I think The Great Pretender is a great title for what I do."

「『ザ・グレート・プリテンダー』というのは、僕がやっていることについて、ぴったりのタイトルだと思う」

左:「ザ・グレート・プリテンダー」のヴィデオ用に、彼のためにデザインされた、輝くピンク色のスーツを着ているフレディ。このスーツは、「バルセロナ」のヴィデオの紺色のタキシードを始め、フレディのほかのスーツも多数制作したデビッド・チェンバースの手によるもの。しかしこの色は、チェンバースが当初思い描いていたオリジナル・カラーではなかった。写真家のピーター・ヒンスによると、フレディが最初にこのスーツを試着したとき、裏地の色のほうをより好んだので、チェンバースは裏地の生地でスーツを作り直したそうだ。

右:フレディ以外の誰も、クイーンのロジャー・テイラーにふたたび女装させることはできなかっただろう。ここに証拠がある。右の中央の写真、そのなかの一番右の人物がロジャーだ。1987年の「ザ・グレート・プリテンダー」のヴィデオに登場するバッキング・シンガーたちのひとりを彼が演じている。「ブレイク・フリー（自由への旅立ち）」のヴィデオで、バンド全員でやったとき以来の、ロジャーの女装姿だ。フレディは左側の人物。中央にいる謎の「少女」はフレディの親友のひとり、俳優のピーター・ストレイカーだ。

150 - FREDDIE MERCURY The Great Pretender

1986年7月のスペインでのTVインタヴューで、フレディはオペラへの愛、とくに歌手モンセラート・カバリェへの執心を語った。彼の言葉は聞き流されなかった。9カ月後、フレディはモンセラートと一緒にスタジオ入りして、世界規模のアンセムとなった「バルセロナ」を録音していた。1987年夏、英パインウッド撮影所で最大級の映画用ステージにて、オリンピック規模のヴィデオを、ふたりは一緒に撮影した。

152 - FREDDIE MERCURY The Great Pretender

モンセラート・カバリェ：「『バルセロナ』はフレディの音楽的才能の高さを示す一例でした。彼は人気歌手であるだけでなく、私のためにピアノの前に座って作曲することもできる音楽家でした。彼は音楽をひとつにまとめるための新しい方法を発見しました。それを成し遂げた、最初で唯一の人でした」
1987年、「バルセロナ」のヴィデオ撮影中に撮られたこのポートレイトは、フレディの母親であるジャーのお気に入りだ。

写真のなかの人生 - 153

1987年4月、アルバム『バルセロナ』のレコーディングを始めてからというもの、フレディはオペラ界のディーヴァ、モンセラート・カバリェと特別な友情を育んでいた。終生これは変わらなかった。モンセラートへの彼の愛情は、アルバムのためのフォトセッションの合間に撮られた、この心温まるポートレイトにもよくあらわれている。

154 - FREDDIE MERCURY The Great Pretender

上：1991年2月、クイーンが「狂気への序曲」のヴィデオ撮影に取りかかるころには、フレディが病んでいることは、外見からもわかるほどになっていた。そこで彼は、変装してごまかすことを考えた。とんでもないかつらを着け、白く厚塗りした化粧を施して、モノクロで撮影する、というものだ。このコンセプトは、無声映画やパントマイムのアーティストから着想を得たものだ。当時フレディは、これが彼が出演する最後のヴィデオになると思っていた。

右：フレディが生前最後に出演したヴィデオは、1991年5月に制作された「輝ける日々」だ。外見だけではなく、めずらしく終始じっと立っているという事実からも、フレディの健康状態がかなり悪いものであることは明らかだった。このころになると、歩くことすら彼にとって本当に苦痛だった、とピーター・フリーストーンは回想する。フレディの健康が悪化していくこの終末期、ひとりの人物だけは彼に信頼され、写真を撮ることを許された。ヴィデオ撮影中に右ページの写真を撮った、バンドのアート・ディレクター、リチャード・グレイだ。
フレディは彼のお気に入りのヴェストを着ている。友人からのプレゼントで、フレディの6匹の愛猫の絵を特別に描いてもらったものだ。この写真が、彼の最後のポートレイトとして残されている。

ジミ・ヘンドリックス

ロック・ハドソン

フレディの妹、カシミラ

サイケデリア

   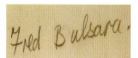

イーリング・アート・カレッジ在学中のフレディが制作したアート、抜粋

FOOLING AROUND
münchen hilton
EUROCARD · MASTER CARD · ACCESS
ALWAYS WELCOME · BIENVENUE

PICTURE CREDITS
写真クレジット

7, 123, 157 マーキュリー・ソングス Ltd
13, 42, 45, 46, 47, 48-49, 50, 51, 52-53, 54, 55, 102, 103, 156 パトリック・Ｍの好意による
16, 22, 30-31, 65, 67, 68, 69, 72 © ミッチ・ロッジ2012
27, 153 フリーメール © マーキュリー・ソングス Ltd
43, 44 ポミ・バクラ
56, 57 © mark.hayward53@hotmail.com
58 (ポルトン・ニュース)の厚意による
59, 60, 61, 62, 63, 78, 79, 80 グラス・バチアウト © クイーン・プロダクションズ Ltd
66 ハリー・グッドウィン/レッドフェンズ・フィーチャーズ Ltd
70, 71, 80 ジュニー・デューマーランス © クイーン・プロダクションズ Ltd
73, 91, 105 © 長谷部宏/シンコーミュージック・アートワークス。無断転載を禁ず。許可を得て使用している。
74, 75 厚意による/ブライアン・Ｍの個人コレクションより
76, 85, 86 © ブライアン・Ｍ
77, 143 © シンコーミュージック・アートワークス。無断転載を禁ず。許可を得て使用している。
81, 82-83 © ポール・マッカルパイン
84 © ロン・パテル
87, 88-89, 90, 92, 93, 94, 95, 96, 97, 100, 101, 104, 126-127, 128, 134-135, 139 ニール・プレストン © クイーン・プロダクションズ Ltd
98, 99 スノードン © クイーン・プロダクションズ Ltd
106, 142(下段) 渡邊 美代氏の厚意による
107, 108 ジョージ・ハレル © クイーン・プロダクションズ Ltd
109 フィリップ・メレンショー/フォトショット
110-111, 112, 113, 114 サイモン・フアラー © クイーン・プロダクションズ Ltd
115, 132, 136 デニス・オリーガン © クイーン・プロダクションズ Ltd
116 A, ４７, © マーキュリー・ソングス Ltd
117 キース・ダヴンラティン
118, 122, 137, 142 (上段) リチャード・ヤング/レックス・フィーチャーズ Ltd
119 リチャード・マックド
120-121, 133, 138 ピーター・ヒンス © クイーン・プロダクションズ Ltd
124, 125, 129, 130, 131, 154 サイモン・フアラー、マーキュリー・ソングス Ltd
140-141, 155 リチャード・グレイ、© クイーン・プロダクションズ Ltd
144-145 © ピーター・ヒンス
146, 147, 148, 149, 150, 151, 152 © マーキュリー・ソングス Ltd

正しい認識と、著作権の持ち主／または著作権保持者に連絡を取るためあらゆる努力がなされてきましたが、もし図らずも誤りや脱落があったなら、出版社はそれらを謝罪し、本書の将来の版での修正を図ります。

本書に掲載されているイラスト、写真、カバー、アートワーク、ブックス、リミックスは商標登録されています。それらは各々各社の将来の版で修正されます。